This Book Comes With Free Bonus Puzzles
Available Here:

BestActivityBooks.com/WSBONUS20

5 TIPS TO START!

1) HOW TO SOLVE

The Puzzles are in a Classic Format:

- Words are hidden without breaks (no spaces, dashes, ...)
- Orientation: Forward & Backward, Up & Down or
  in Diagonal (can be in both directions)
- Words can overlap or cross each other

2) ACTIVE LEARNING

To encourage learning actively, a space is provided next to each word to write down the translation. The **DICTIONARY** allows you to verify and expand your knowledge. You can look up and write down each translation, find the words in the Puzzle then add them to your vocabulary!

3) TAG YOUR WORDS

Have you tried using a tag system? For example, you could mark the words which have been difficult to find with a cross, the ones you loved with a star, new words with a triangle, rare words with a diamond and so on...

4) ORGANIZE YOUR LEARNING

We also offer a convenient **NOTEBOOK** at the end of this edition. Whether on vacation, travelling or at home, you can easily organize your new knowledge without needing a second notebook!

5) FINISHED?

Go to the bonus section: **MONSTER CHALLENGE** to find a free game offered at the end of this edition!

Want more fun and learning activities? It's **Fast and Simple!**
An entire Game Book Collection just **one click away!**

Find your next challenge at:

BestActivityBooks.com/MyNextWordSearch

Ready, Set... Go!

Did you know there are around 7,000 different languages in the world? Words are precious.

We love languages and have been working hard to make the highest quality books for you. Our ingredients?

A selection of indispensable learning themes, three big slices of fun, then we add a spoonful of difficult words and a pinch of rare ones. We serve them up with care and a maximum of delight so you can solve the best word games and have fun learning!

Your feedback is essential. You can be an active participant in the success of this book by leaving us a review. Tell us what you liked most in this edition!

Here is a short link which will take you to your order page.

BestBooksActivity.com/Review50

Thanks for your help and enjoy the Game!

Linguas Classics Team

1 - Antiques

```
O D O D O E H W A F H G Q J
W R I F F E R I X V L T Q B
O A U O V Z F E Y U I S Z I
R U A N Á R Ò W À E T Ó F M
L C L A M T U T M S H Ò D I
Ọ T A R K I I G B A G B Ü F
Ṣ I S O B A L U D V Y G T Ọ
Ọ O E W W D V A W O V Ó X R
E N P A Q A R A L W L L I Ọ
T Y O A K D A R A O D Ó G W
U D W M Z A M G B D H B U Ọ
J H G T S P I U M I A G H W
I R I J W I V B U I F Ò Z Ọ
V I J W S R Y L K M T K B U
```

AWORAN	IDOWO
AUCTION	IGBAGBÜ
ODODO	ÒGBÓLÓGBÒÓ
ORUNMILA	IYE
OWO	DARA
OWA	IPADADA
ỌṢỌ	ERE
IFỌRỌWỌWỌ	ARA
ÀWÒRÁN	ALASEPO

2 - Food #1

```
S K J B S I Y U D F U A M O
U U A S K A I P O S E K E R
J N G R S D L O Q I G T A B
B Ọ C A Ọ Z O A L Y E O F J
D M E J R Ọ J H D Ọ A M C R
M Ẹ E Y L C T O X C C A V K
I L E W O W O I L I S A B F
H A X A J U K W S T O F U E
K B Q L E K I N N A M O N P
V L I U Y C A D X K G W M A
O I C B W A R A U J X A F T
B Z O O B N I Y O A R A K A
I I G S X V I B A R L E Y H
D Y Q A N U T T U N I P I S
```

BARLEY	EPA
BASILI	ESO PIA
AKARA OYINBO	SALAD
KARỌỌTI	IYỌ
KINNAMON	OBI
ATA	OWO
OJE	SUGAR
LẸMỌNU	TOFU
WARA	TUNA
ALUBOSA	TUNIP

3 - Measurements

```
R  J  O  C  V  F  X  C  S  K  S  U  Z  H
Q  I  U  I  K  I  L  O  M  I  T  E  R  A
Ọ  G  N  Ú  F  X  B  R  L  Z  C  F  C  X
G  I  C  Y  E  Q  W  V  E  I  O  Z  D  Q
B  K  E  I  R  Q  J  F  X  T  S  S  A  M
Ẹ  Ẹ  L  A  M  I  C  E  D  O  Ì  E  I  K
N  N  R  I  F  E  L  O  K  N  W  Y  J  K
J  I  L  W  T  J  K  I  M  M  Ò  I  Y  U
Ẹ  Q  O  U  U  E  L  N  I  J  I  U  Q  G
G  W  B  R  M  A  R  G  O  L  I  K  X  T
I  B  Y  O  A  V  Z  T  B  M  E  T  E  R
G  J  Y  U  R  D  Q  D  G  I  N  C  H  W
A  U  H  T  G  W  S  J  A  B  Z  U  Q  Q
L  U  R  A  E  L  K  U  S  W  H  M  Z  F
```

BYTE	AGBO
ỌGBẸNJẸ	LITER
DECIMAL	MASS
IKẸNI	METER
IJINLE	ISEJU
GRAM	OUNCE
GIGA	TON
INCH	ÌWÒ
KILOGRAM	FÚN
KILOMITER	

4 - Farm #2

```
X Ẹ B O B G O L O L U H C T
S R A U V L M R I Z M E E R
M A R N R V Z I C D L À B A
L N L J B W W K A H V X I C
V K E E L Y O E R V A O L T
D O Y F S L D N Ì Y Ò R Ì O
H S A S O D A B G A Y M D R
V V K N I Y E M L A E I I V
E S O W S G M F A C Q W G W
A G U T A N S E O H U N E A
L Ọ D Ọ A G U N T A N M M R
W Ị N D A M I L L U B R D A
O F M L K H H D J B K A H G
L E G B E T A V Y E T T K S
```

ẸRANKO	ỌDỌ AGUNTAN
BARLEY	LLAMA
ABÀ	MEADOW
EYIN	WARA
AGBADO	ORCHARD
EGBETA	AGUTAN
OLOGBO	TRACTOR
OUNJE	EWE
ESO	OHUN
ÌRÒYÌN	WINDAMILL

5 - Books

```
Ì  O  D  F  E  D  O  B  O  O  R  O  I  L
H  W  J  C  P  K  R  T  K  A  J  E  O  T
U  I  Á  G  I  A  Í  Ọ  K  L  U  U  N  T
M  J  I  Y  C  L  K  Ḷ  B  A  C  B  K  O
O  Ọ  Z  O  Ì  Ú  Ì  Q  U  G  S  Z  A  Ṣ
R  R  F  J  D  N  R  O  Y  B  A  I  T  Ẹ
O  Ọ  W  T  F  Á  Q  L  Q  E  C  B  G  R
U  R  Ẹ  R  Ẹ  B  I  Ó  Y  K  W  V  G  Ọ
S  X  Y  L  J  À  T  T  F  A  V  R  W  Ì
L  A  O  U  O  D  A  Í  L  E  V  O  N  W
M  D  K  Y  G  R  N  T  A  K  X  R  R  E
Z  Z  R  G  T  W  A  Ì  W  H  D  I  S  G
L  I  T  E  R  A  R  I  W  J  V  N  J  W
X  Z  L  M  Y  M  I  F  M  T  C  F  E  Y
```

ÌWÁYÌN	OLÓTÍTÌ
ORÍKÌ	NOVEL
IGBAGBỌ	OJU
ORO	ORIN
ALAGBEKA	EWI
EPIC	ONKA
ITAN	RẸRẸ
HUMOROUS	IJỌRỌ
OṢẸRỌ	ÀBÁNÚ
LITERARI	KỌ

6 - Meditation

```
Z U D U H N A K O I R I S I
I G B A G B Ọ Y H A E I G Y
J C C K U O L T O F R M O D
E Y T E B Q E L L F O O D B
E D A B V N I R O C O G M M
A J L G K D G T P B ´ Ẹ Ṣ I
U A L I Ọ P Ẹ ´ O E X I E M
A L A F I A K S M J C P R I
G H O G S E D I D F U A O K
Y T J Q U V M J B V T L M I
R H T Z Q Y M J I H U Ọ A K
D J M Z B X U Q Q K T L W Z
T X H T R U E C L H U Ọ M D
M A F A A N U C A R T H E O
```

IGBAGBỌ
JI
MIMI
TUTUTU
ITOJU
AANU
IMORA
ỌPẸ́
IṢẸ́
AYO

OORE
OPOLO
OKAN
IGBEKA
ORIN
EDA
ALAFIA
IRISI
IPALỌLỌ
ERO

7 - Days and Months

```
S  Q  K  O  S  M  I  O  O  M  D  F  C  J
O  U  A  Y  S  R  K  O  J  G  A  O  C  U
S  S  N  A  E  E  Y  C  O  I  U  R  T  L
U  O  I  D  J  L  N  T  S  O  R  K  C  Y
K  B  R  S  A  K  O  O  A  O  O  A  B  H
Ẹ  O  N  E  O  Y  M  B  B  J  S  L  A  Z
J  J  U  U  J  R  B  E  A  O  U  Ẹ  X  R
Ọ  O  K  T  O  A  A  R  T  W  K  N  O  W
Q  B  O  E  W  U  X  S  I  E  S  D  D  J
W  T  U  Z  Z  R  B  L  K  D  A  A  U  B
I  Z  I  F  Z  B  H  U  Ẹ  E  N  W  N  R
L  U  U  V  G  E  I  B  R  U  W  R  J  S
I  B  R  W  Q  F  I  J  I  J  O  J  O  A
E  V  Q  T  J  H  J  G  N  W  Z  E  M  Q
```

KẸRIN	NOMBA
OSU KẸJỌ	OCTOBER
KALẸNDA	OJO SABATI
FEBRUARY	OSU KSAN
OJO JIJI	SUNDAY
OKUNRIN	OJOBO
JULY	TUESDAY
MARCH	OJO WEDE
OJO AJE	OSE
OSU	ODUN

8 - Energy

```
E N T R O P Y M I W L L R I
T C Z W Y L Q O I S K B H D
S T E A M M Z T E J E S A O
I E A Z C C E O B M E I K T
Z O I X Ò G B Ó N Á L S S I
B A T I R I C A O D E U E E
G V T B U B O G Z I C F N H
O R U Y I Q U I B E T I G I
R X R N I W L D B S R K A D
K X B V O F O T O E O Á N R
A K I Y A Y T X F L N R V O
L Y N A R A E L C U N B K G
U R E Z Z H P S M M H O O E
E L E C T R I C K B T N Z N
```

BATIRI
KÁRBON
DIESEL
ELECTRIC
ELECTRON
ENGAN
ENTROPY
AYIKA
EYONU
PETOLU

ÒGBÓNÁ
HIDROGEN
ISE-ISE
MOTO
NUCLEAR
FOTO
IDOTI
STEAM
TURBINE
ASEJE

9 - Chess

```
S Z W C V H E B X M D L S W
U A W F W V Z C F O J L Z L
O B E R E R E L E B W X V C
G F H S H H E B F V Q C V B
A O I A L A T A K I W K W Q
A H A N T C B W X R O X Q R
O L J O V J K A F I J J F A
A A X B E O N L Y L U I V V
Y N J G Z C U C C A A E Q K
P O L O L U F E S N M I G M
R G F L A D N T J A I G O Q
Q A B O J U U H S I L A S S
A I U G C D F J X O D W I T
R D G X H I H J D Q I I E Z
```

DUDU   OJUAMI
OLOGBON   AYABA
DIAGONAL   OFIN
ERE   EBO
OBA   ILANA
ALATAKI   AAGO
POLOLUFE   IDIJE
ELERE   FUNFUN

10 - Archeology

```
M  D  O  F  A  A  U  R  I  F  M  S  R  I
Z  X  A  O  M  V  N  U  D  Ọ  Z  O  R  Q
Ọ  J  X  U  E  R  A  S  A  Z  T  Q  X  A
A  J  À  Ì  M  Ọ  `  V  W  H  E  U  A  I
C  B  Ọ  B  A  K  J  A  U  O  M  Q  W  B
E  Z  S  Ọ  M  S  C  F  L  U  P  L  N  O
G  M  W  G  R  F  I  B  O  X  L  K  O  A
U  B  X  M  X  Ọ  L  R  I  S  I  Z  B  G
N  U  H  O  A  O  E  S  I  O  S  R  G  B
G  E  E  Z  C  B  R  V  W  K  W  I  O  A
U  I  G  B  E  Y  E  W  O  F  A  L  L  G
N  O  H  U  N  T  I  N  L  E  F  B  O  B
H  I  B  O  J  I  À  G  B  Á  Y  É  Y  E
D  E  S  E  N  D  A  N  T  I  E  G  B  E
```

OHUN TINLE	ASIRI
ÀGBÁYÉ	OHUN
EGUNGUN	RELIC
ỌJỌỌRỌ	OLUWADI
DESENDANTI	EGBE
ERA	TEMPLI
IGBEYEWO	IBOJI
OLOGBON	ÀÌMỌ
AGBAGBE	ỌDUN
FOSSIL	

11 - Food #2

```
F I R E J A J W O K N L H U
F K A I O Y O M L O I F A X
L O V T C G O O U C Y W M G
O H L O G E E J I Q Ẹ L I X
H S E L E R I D C S S D R Q
U I T A M O T Y E B K K Ẹ W
N T R B J L Y D E S Y Ẹ W
T A U G Ẹ F Ọ O M A H Y Ṣ À
D X G I B A K N A R A W C J
V L O L Z H C J D S V Y S Á
F J Y C E B D W I S C Q U R
M O Z A A G Z F Ẹ Z C T I À
S K F P C H O C O L A T E Y
Z E A U L V Y I A R B V G W
```

APU   IGBA
ATISHOKI   EJA
OGEDE   ÀJÁRÀ
ẸFỌ   HAM
SELERI   KIWI
WARANKA   OLU
ṢẸẸRI   RICE
ADIẸ   TOMATI
CHOCOLATE   OHUN
ẸYIN   YOGURT

12 - Chemistry

```
M Z M N G S A G V T O G N O
O I G Ú N Q W K V J M T U H
L K A K O E Ọ I O N I S C K
E F A Í B R N E G Y X O L Z
K S Q R R Y N I I Q L Q E K
U W C O Á V I E L I Y Ọ A C
M A L N K L P I N A K Y R H
D K O O U C A Á A Z K D V L
H I D R O G E N X O Y L B O
I M T T X G D Ó A Y B M A R
L O W C C Q Q B A C D J E I
B T D E J O U G U R I F X N
I A Y L H K T Ò W Ì M D Y E
R C Y E Q F D M W D F I F S
```

ACID	HIDROGEN
ALKALINE	ION
ATOMIKA	OMI
KÁRBON	MOLEKU
AWỌN NIPA	NUCLEAR
CHLORINE	ORÍKÚN
ELECTRON	OXYGEN
ENZYME	IYỌ
GAS	IGÚN
ÒGBÓNÁ	ÌWÒ

13 - Music

```
J H G R H Y T H M I S C G T
U K J B O H U N R G T R B E
K O S E O Q R A Y B S L I M
C C R X O H S A D A L A G P
R W F Í S R U K M G B C B O
D H J C K S R N X B F I A R
M H Y W V Ì O I G Ü U R S K
V R E T D D H R H B O Y I J
O N K Q H H C O O L O L L T
G I H A E M K K R I S H Ẹ S
Ọ R Ọ R Ọ U I A I R X S U I
W O A E Ì B Q C N I R Ọ K N
R L U P W L D M B A L L A D
D O S O K A S A S I K A H O
```

ALBUM	OLORIN
BALLAD	OPERA
CHORUS	ORÍKÌ
KASASIKA	GBIGBASILẸ
IGBAGBÜ	RHYTHM
ỌRỌRỌ	RHYTHMIC
LYRICAL	KỌRIN
ALADA	AKORIN
GBOHUNGBOHUN	TEMPO
ORIN	OHUN

14 - Family

```
B O E M O K O R Z Q L E B Y
E A E R A M U D O L O O M O
G X B S J H O M L V R Z Y J
A T K A T R T O À I B E J I
K N J U B V X S B I A D H W
A I M Q B A S M G I F O F G
C R T I F F B R À O Q M Z U
I N A W W G O A B A B O M D
A I J K B I V J G Ọ M Ọ D E
E B X C U F A L À K S F E H
K A C A B N I R N Ì B O X Z
L R K U À W R I Y A W O T A
A A R N B B I I R W L O I E
O G C T Á Y Ì J N X X A O M
```

BÀBÁ   OMO OBI
AUNT   ÌYÁ
ARAKUNRIN   ỌMỌDE
OMODE   BABA
OBÌNRIN   ARABINRIN
BABA BABA   IBEJI
OMO OLODUMARE   ÀGBÀGBÀ
OKO   IYAWO

15 - Farm #1

```
G A X R U Y X H L C R U S F
B A S I S W K A B C O F G E
M X D Z C M A W V X G I E R
L C K I D O L B E E B J O T
R B A O Ẹ C F Z H O E K K I
Ẹ Ṣ I N Y T U E W U R E O L
T R M W A I N O S I B A W I
Ẹ S O A H L N K K G W R O Z
K A W Ọ N I R U G B I N K E
E H J T M K G X R O E K C R
K U D D Z M I U I H E H L Q
N L A F Q G A Y C I K F U V
M Q X J M A L U E A Q X X F
I C M Z A Y Y K C J K X O E
```

OGBE	ODI
BEE	FERTILIZER
BISON	OKO
KALFUN	EWURE
NLA	HAY
ADIẸ	OYIN
MALU	ẸṢIN
KOWO	RICE
AJA	AWỌN IRUGBIN
KEKẸTẸ	OMI

16 - Camping

```
I  O  Q  E  F  F  H  Ẹ  E  U  C  H  À  D
R  K  T  G  L  F  A  R  X  E  D  F  G  C
A  F  G  M  L  X  P  A  M  Y  E  F  Ọ  O
O  S  U  S  U  A  Ò  N  I  B  A  C  ´  M
H  U  V  Q  A  M  E  K  Ò  F  U  N  U  P
D  A  R  I  K  B  O  O  Ò  D  J  T  Z  A
I  D  M  Q  O  S  N  V  E  K  A  L  T  S
G  E  R  M  I  L  A  H  R  V  Ò  L  J  S
B  Q  Y  O  O  D  C  C  I  N  A  Y  C  I
O  S  X  M  H  C  K  Z  L  Ì  J  Z  Y  Y
O  S  O  X  C  U  K  K  S  Y  I  X  Q  H
Y  J  D  M  V  O  I  D  L  Á  S  G  R  J
R  J  E  Y  G  F  G  D  B  W  G  X  I  O
K  M  R  A  S  M  X  G  E  Ì  Z  J  O  H
```

ÌWÁYÌN	ODE
ẸRANKO	ÒKÒKÒ
CABIN	LAKE
CANOE	MAP
COMPASS	OSUSU
INA	ÒKE
IGBO	EDA
FUN	KIRA
HAMMOCK	ÀGỌ́
ILA	IGI

17 - Algebra

```
A  I  E  N  A  R  O  W  A  L  I  O  R  E
O  U  E  U  Ọ  A  F  R  U  Z  E  J  Z  N
L  E  R  H  M  M  I  R  Ọ  W  O  U  Z  A
V  G  K  O  Z  H  B  L  X  R  K  T  A  R
I  Y  O  K  U  R  O  A  O  M  Ọ  U  T  O
F  O  R  M  U  L  A  Q  I  P  X  R  O  W
E  Q  U  A  T  I  O  N  I  P  I  T  U  A
R  L  M  A  R  I  A  B  L  E  R  N  W  N
I  Z  B  W  Y  S  Z  E  R  O  T  E  V  A
F  D  A  G  C  F  Y  O  O  D  A  N  E  R
A  L  S  Y  U  O  E  Z  M  T  M  O  V  O
S  M  O  J  Z  P  Z  R  H  H  H  P  A  W
Q  K  A  Z  O  O  H  Q  Y  E  C  X  H  A
I  S  O  R  O  V  I  H  K  A  M  E  S  Z
```

AWORAN AWORAN	MATRIX
EQUATION	NỌMBA
EXPONENT	ISORO
OHUN	OPO
ERO	RỌRỌRUN
FORMULA	OJUTU
IPIN	IYOKURO
AWORAN	ARIABLE
AILOPIN	ZERO
ILA	

18 - Numbers

```
K  K  Ẹ  Ẹ  Ẽ  D  Ó  G  Ú  N  A  D  T
B  E  Ọ  B  E  K  G  Y  F  S  A  J  E  F
E  U  J  D  M  Ẹ  V  M  C  A  K  K  C  W
K  Q  Ẹ  Ì  V  T  I  E  T  O  Ọ  Ẹ  I  K
E  X  M  T  L  A  Z  S  M  O  H  R  M  À
J  M  E  J  E  Á  L  A  G  E  T  I  A  L
I  J  E  M  F  C  À  N  W  L  F  N  L  Ì
L  U  S  Q  T  U  B  W  B  W  J  A  S  M
A  Á  L  N  I  N  Ì  J  Ẹ  M  A  R  U  N
K  E  R  I  N  L  A  Ò  C  K  U  Q  Y  Ú
K  R  D  J  Z  W  A  G  D  A  M  E  S  R
E  L  E  K  E  T  A  Ú  S  W  W  X  G  Ò
A  Z  R  F  S  H  G  N  A  Q  L  E  B  Y
E  R  I  N  D  I  N  L  O  G  U  N  K  E
```

DECIMAL	MEJE
MẸJỌ	KEJÌLÁ
MẸJÌNINLÁ	MEFA
KẸẸẼDÓGÚN	ERINDINLOGUN
MARUN	KẸWÀÁ
KẸRIN	ELEKETA
KERINLA	KẸTA
MESAN	EKEJILA
ÒRÚNMÌLÀ	ÒGÚN
ỌKAN	MEJI

19 - Spices

```
D C R L G K T R A E X X U C
X A N I S E X Y S A T A L Ẹ
R Ọ Y J K E M Y O X S S H P
K Y O C Ọ R J T B M U A B A
K I J E R G S S U B T F L P
T D N W I N F D L N M F I R
R O X N N E A L A S O R C I
D A T A A F B R Q V M O O K
E U S T H M A B Q A A N R A
J S N F I I O X J N D B I B
F E N N E L F N C I R F C D
K U R A R I E U Q L A T E D
C U M I N M X B O L C O Y J
K O R I A N D E R A B H B D
```

ANISE	ATA
KỌRIN	ATALẸ
CARDAMOM	LICORICE
KINNAMON	NUTMEG
KORIANDER	ALUBOSA
CUMIN	PAPRIKA
KURARI	SAFFRON
FENNEL	IYỌ
FENGREEK	DUN
ALASO	VANILLA

20 - Universe

```
A W Ọ R Ọ W Ọ R Ọ W A V L Z
H E M I S P H E R E S J A O
T A V F V G Y Y V R T U T D
Y B S Q A A T K V E E O I I
Q J S S E L I S Q H R R T A
D R B D N A R K X P O B U C
K C E G O X A L N S I I D X
Z R L C Z Y W R U O D T E H
C O S M I C O B K M G W U L
W T T D R T U L N T A R A X
D A J U O H S K U A O R X R
I U T D H E U L K C B R E S
D Q Y Z A A S S O I W Z U Z
T E L E S C O P E S I J W N
```

ASTEROID	HORIZON
AWỌRỌWỌRỌ	LATITUDE
IRAWO	OSUSU
ATMOSPHERE	ORBIT
SILE	SKY
COSMIC	ORUN
OKUNKUN	SOLSTICE
EQUATOR	TELESCOPE
GALAXY	ARA
HEMISPHERE	ZODIAC

21 - Mammals

```
G I R A F F E T O Y O C G I
J F Ẹ R D W L E K R R H O J
I A H Ṣ H A A O A D O X B B
R I X F I L H F N S G H O E
K Ì N Ù N N W G G Z E H E A
A W B W B A F A A R B E Z V
D T D V E T E J R B O Y L E
O V A Ì A U R J O A M S D R
L V K K R G I M O E Á Y I G
P R E O A A N W C M L O S Y
H E Y O J T W G W V À T H S
I K R K A O R X R C Á V J B
N C T Ò G O R I L L A A Y G
C W B E D S O W V D A O T B
```

BEAR	GORILLA
BEAVER	ẸSIN
MÁLÀÁ	KANGAROO
NLA	KÌNÙN
COYOTE	OBO
AJA	EHORO
DOLPHIN	AGUTAN
ERIN	WHALE
AKATA	ÌKOOKÒ
GIRAFFE	ZEBRA

22 - Fishing

```
S U U R U B G Ì B C A B A Z
V X D M H A J À K H S A Q W
Z A E H E I G S Z Ò I G R B
Q L L T M T Z Ọ Q B K B U F
E T O O K U N D X Ṣ O O T Q
E O E X S S I Ù L İ E N V M
W O D O Y G R N S O Ẹ Ṣ W J
S Q W G V I N Ú L E R O E S
S H U W C L U K A Y Ọ T B K
V B O F A L K Ò K C Z U H G
V J C M E S O W E E M K F D
Y J X Q I I V Ì G F F J W F
A H M S E H L E L I F O Z E
S L V M W T Y G S F U I G F
```

BAIT	ABA
AGBON	LAKE
ETO-OKUN	ÒKÚN
OKUNRIN	SUURU
ṢEṢE	ODO
ẸRỌ	ASIKO
ÀSỌDÙN	OMI
GILLS	ÌWÒ
ÌKÒ	

23 - Bees

```
P U B O I Ọ O E J N U O O Ò
O M V F R G W Y G J T Z R K
L V M Q S B M B I B D H I Ò
L V R S F À C B F N E E S K
I N A A F N A K T S Q C I Ò
N X W H A Y A B A S Ò O R W
A E S X Z C Z O E U D S I A
T H I V I D O D O N Ò Y S X
O P T B G B I G B E D S I S
R O B Y I Z G G Q E Ó T H E
F L M U S S V W E B L E J S
C L X B H A D Q Y G B M D O
R E L Q U M Z J U M G U M C
H N D G C R W U A S B X G I
```

ANFAANI
IDODO
ORISIRISI
ECOSYSTEM
ÒDÒDÓ
OUNJE
ESO
ỌGBÀ
GBIGBE
HIV

OYIN
ÒKÒKÒ
EGBE
POLLEN
POLLINATOR
AYABA
SIBI
SUN
SWARM
WAX

24 - Photography

```
I  C  V  F  O  A  R  Ẹ  M  A  K  I  Y  Q
T  K  T  A  D  E  W  T  B  E  D  A  D  V
U  Z  J  U  W  Z  U  O  V  U  S  W  H  A
M  G  S  Y  O  G  A  Ọ  R  Ọ  O  K  O  K
O  Q  F  J  I  J  D  E  O  A  H  Ì  E  N
Ì  T  À  N  À  N  U  H  Y  K  N  Y  M  K
A  T  A  E  T  C  A  À  W  Ò  F  À  D  A
L  X  I  S  I  R  I  G  N  Ọ  Q  N  X  N
S  C  I  K  O  G  A  W  U  R  E  L  S  K
O  J  I  J  I  J  I  Z  K  Ọ  Y  Ẹ  D  A
A  F  I  H  A  N  U  D  N  Ọ  S  `  V  N
M  R  S  Q  Y  R  A  U  U  F  R  X  B  F
B  R  L  J  J  Y  S  D  K  T  W  G  X  G
R  J  Y  J  O  H  W  U  O  D  R  I  T  G
```

DUDU	ÌYÀNLẸ̀
KAMẸRA	NKANKAN
ÀWÒ	IRISI
AWURE	AWORAN
ÌTÀNÀN	OJIJI
OKUNKUN	KOKO-ỌRỌ
ITUMO	ASOJU
AFIHAN	OJU
FỌỌRỌ	

25 - Weather

```
O E W Y J C U Z Y K S J H D
D G O A I C N Ú G I J I J E
A B B F H R R A R I N E X B
N W N E M K I R F R K Y S G
R Z I W Y B F A O E L M I G
O W A M N A S Ọ W A F C Z N
T X R A L O P D L R M E F M
I U S Z N T R O P I C A L À
B T Y O O H R H G X C Q C N
K U W M O D E D Z Y K E Z À
A T M O S P H E R E I J I M
S U F X N T M E O G S E I Á
Z T O V O G D I E T E S T N
E K G V M Q H I C J M A E Á
```

ATMOSPHERE
TUTUTU
AFEFE
AWỌSANMA
OGBE
GGBE
FOG
EJIJI
YINYIN
MÀNÀMÁNÁ

MONSOON
POLAR
RAINBOW
SKY
IJI
IGÚN
ARA
TORNADO
TROPICAL
ASEJE

26 - Adventure

```
X T Q Z V S A A R A T Ì Ì Ì
C E A J D B W N Y D E I P G
L M W K D S Ẹ C F O Z ´ A B
K A T U U T O G A A D Ọ R Á
E L M A S E S E W A A L Á Y
X A E Q I R I U E M L N G À
C S D O L O T V Q B B À I N
U E A B Y R I W T F L Y G U
R P L O X Ò N U Q C I Ì A T
S O V E I Ṣ E J B G L F B I
I Y G Z V Ì R Y V A O Q X T
O E I Ṣ Ẹ W Y L W U G J Y W
N R T L S M X T I A A B O L
Z O M Z T H I J F K T V G K
```

IṢẸ	ITINERY
ẸWA	AYO
ÌGBÁYÀN	EDA
ASESEWA	LILO
EWU	TITUN
ÌYÀNLỌ	ANFAANI
ÌṢÒRO	ÌPARÁ
ÌTARA	AABO
EXCURSION	ALASEPO
ORE	

27 - Circus

```
A  F  L  O  Z  M  Ẹ  T  Z  F  B  Z  S  À
T  V  C  S  V  Z  R  H  C  O  K  Z  W  G
J  N  Ì  Y  Á  L  A  Ġ  T  Z  F  J  T  Ọ
O  S  A  U  K  S  N  O  O  L  L  A  B  ´
E  R  X  Y  V  M  K  J  U  G  G  L  E  R
L  N  I  R  O  C  O  U  I  O  B  O  D  M
O  A  T  K  T  I  G  E  R  D  I  K  A  M
D  H  E  M  I  A  K  R  O  I  A  S  R  W
T  I  K  E  R  I  N  Ì  U  U  W  N  A  B
X  F  I  J  Q  A  E  R  N  E  D  Y  P  S
F  A  T  A  B  O  R  C  A  Ù  S  Y  S  S
F  Ṣ  Ẹ  `  T  À  N  A  V  Z  N  T  S  H
O  F  J  Z  X  O  S  M  B  V  D  E  Q  Z
L  I  W  L  C  U  Q  E  D  G  T  T  I  U
```

ACROBAT	OBO
ẸRANKO	ORIN
BALLOONS	PARADE
ASO	ṢAFIHAN
ERIN	ORIKI
JUGGLER	ÀGỌ
KÌNÙN	TIKETI
IDAN	TIGER
ALÁYÌN	ẸTÀN

28 - Restaurant #2

```
J X J O O O I I H U T F A U
R Y X M U L A L M A Z M J M
I L T I R Z U V I Q Y X F H
T L J R I L V D V J K Y R K
X U B A M A A O U Y S C B O
R S R N O R I K I R X Z D C
G J G I S A L A D M O T K M
M H Z Y C B I E J A L M O M
I J S Ẹ T G O L O H U N U F
B S B K S A L R E T S O S G
O R Í K Ò Y I N Y I N I X E
F S X H K Z D I O M I V B G
X X E W E L A E J N U O M I
I Y Ọ A K A R A O Y I N B O
```

OMIRAN	YINYIN
AKARA OYINBO	SALAD
AGBARA	IYỌ
OLOHUN	OBI
OUNJE ALE	ORÍKÒ
ẸYIN	SIBI
EJA	EWE
ORIKI	OLUDURO
ESO	OMI

29 - Geology

```
I  Y  Ọ  Ì  G  V  O  L  C  A  N  O  D  S
Y  S  S  G  E  U  Y  B  Z  L  D  V  A  G
V  I  J  B  Y  L  C  V  O  A  T  U  K  O
C  L  M  Ì  S  C  Y  Y  S  Y  D  K  K  C
M  B  S  Y  E  P  C  W  A  E  K  A  O  Q
U  Z  I  À  R  L  À  Y  Ó  K  Ò  L  F  U
W  F  F  N  J  A  A  C  I  D  S  I  O  A
L  C  E  T  I  T  C  A  L  A  T  S  S  R
K  A  A  O  T  E  Y  A  B  G  A  I  S  T
R  K  V  V  X  A  F  S  K  E  T  O  I  Z
T  C  O  A  E  U  L  I  J  H  O  M  L  G
O  K  M  R  T  R  B  Y  D  U  Q  U  R  F
B  K  Q  B  A  F  N  À  Y  Ì  J  Ì  Z  O
E  D  L  M  O  L  A  A  T  S  I  R  K  F
```

ACID	GEYSER
KALISIOMU	LAVA
CAVERN	LAYE
AGBAYE	ILU
KORAL	PLATEAU
KRISTAAL	QUARTZ
ÀYÓKÒ	IYỌ
ÌGBÌYÀN	STALACTITE
ÌJÌYÀN	OKUTA
FOSSIL	VOLCANO

30 - House

```
F  I  L  A  P  U  T  A  Ọ  I  L  E  K  Y
E  L  E  W  I  E  W  I  G  U  O  A  O  S
R  E  G  Ọ  D  U  E  S  B  O  R  U  L  E
E  I  A  N  E  I  X  V  À  K  M  G  T  V
S  D  R  B  I  B  G  Y  R  M  C  H  F  Q
E  A  A  Ọ  L  W  D  I  V  M  X  L  Z  D
E  N  G  T  A  H  Ọ  H  Z  A  J  I  H  D
O  A  H  I  T  Q  M  R  B  W  J  Q  T  T
D  W  B  N  T  L  D  K  Ọ  U  Y  A  R  A
I  K  A  I  I  E  M  A  Q  R  M  N  X  O
U  Z  C  Y  C  J  Q  W  C  E  T  I  D  Q
K  G  R  F  I  I  L  E  K  U  N  I  T  J
I  P  I  L  Ẹ  E  K  H  X  U  B  B  R  I
E  I  F  Ọ  R  Ọ  W  Ọ  W  Ọ  W  I  G  V
```

ATTIC	AWỌN BỌTINI
IPILẸ	ILE IDANA
IYAWO	ATUPA
AWURE	IWE IWE
ILEKUN	DIGI
IBI INA	ORULE
ILE	YARA
IFỌRỌWỌWỌ	IWỌRỌ
GARAGE	ODI
ỌGBÀ	FERESE

31 - Physics

```
I  U  K  E  L  O  M  O  T  A  U  O  K  W
N  G  O  W  L  Q  P  A  R  T  I  C  L  E
U  Y  I  S  J  E  A  W  Ọ  N  Ẹ  R  Ọ  E
C  Z  I  S  T  E  C  J  G  F  U  I  K  K
L  S  M  I  H  W  Í  T  N  Á  R  Ì  E  J
E  Z  S  D  R  Q  E  Ọ  R  Ọ  J  I  R  X
A  Q  I  D  J  M  A  S  S  O  Ì  V  R  X
R  I  T  O  J  U  L  A  D  X  N  W  Z  I
R  K  E  I  Q  S  U  G  D  G  A  O  Ò  G
W  Ẹ  N  V  K  V  M  T  Z  O  G  Q  O  B
K  K  G  L  A  S  R  E  V  I  N  U  O  A
A  A  A  X  Q  Q  O  X  Z  G  E  A  T  G
F  M  M  F  K  R  F  I  Y  A  R  A  Z  B
Y  I  I  M  U  G  B  O  R  O  O  S  I  Ọ
```

ITOJU	GAS
ATOM	MAGNETISM
ÌRÁNTÍ	MASS
KẸKAMI	AWỌN ẸRỌ
ÌWÒ	MOLEKU
ELECTRON	NUCLEAR
ENGAN	PARTICLE
IMUGBOROOSI	IJỌRỌ
FORMULA	UNIVERSAL
IGBAGBỌ	IYARA

32 - Bathroom

```
W  I  M  O  D  B  C  I  N  H  F  L  S  M
U  P  G  F  C  U  C  D  Ú  M  V  E  H  L
E  A  K  A  N  R  I  N  K  A  N  L  A  B
O  R  K  H  A  I  E  G  Í  F  I  W  M  A
I  A  Q  Z  F  C  F  H  N  O  G  B  P  I
W  D  I  G  I  D  C  O  O  L  E  W  O  T
E  S  O  T  G  C  H  H  L  Y  L  I  O  G
L  F  T  F  A  U  C  E  T  O  N  W  S  I
F  K  O  E  X  K  R  H  Y  Y  I  Ọ  I  Y
F  C  J  T  A  U  A  T  W  B  B  R  S  F
S  S  U  V  F  M  J  Q  Y  D  G  Ọ  S  V
V  F  F  Q  A  B  L  F  I  T  I  U  O  F
C  Q  F  Q  H  D  H  L  Ọ  Ṣ  Ẹ  R  R  X
F  F  V  T  H  L  O  S  B  M  L  B  S  U
```

IWE	SHAMPOO
ONÍKÚN	IWỌRỌ
FAUCET	ỌṢẸ
IPARA	KANRINKAN
DIGI	STEAM
OLOFIN	IGBINLE
RUG	TOWEL
SISSORS	OMI

33 - Dance

```
A  L  U  R  I  N´ Ẹ  B  G  Á  L  A  D
W  S  F  O  W  M  Y  Ỳ  S  T  G  G  I  I
O  Y  A  L  A  H  O  Ẹ  G  Q  Y  K  I  K
R  S  L  B  L  E  Q  R  R  H  Y  T  H  M
A  O  Q  B  C  S  O  Ẹ  A  I  K  A  I  K
N  Q  O  C  G  O  E  Ṣ  E  B  H  R  F  B
V  I  U  R  V  A  K  I  S  A  S  A  K  O
T  O  I  A  E  G  W  M  K  R  D  H  A  R
I  B  I  L  E  O  I  G  B  E  K  A  K  I
I  P  I  N  L  E  F  H  Z  W  H  U  I  N
O  X  Y  H  B  F  V  E  Z  Z  L  D  Y  I
À  W  Ọ  N  Ọ` R  Ọ` R  Ò  W  E  J
S  O  J  U  U  W  L  M  C  Q  T  A  S  U
A  J  S  J  B  Y  A  U  I  Z  K  E  I  M
```

AKIYESI	ALAYO
AWORAN	IGBEKA
ARA	ORIN
ÀWỌN Ọ̀RỌ̀RÒ	ALÁGBẸ́NI
KASASIKA	IPINLE
ASA	IṢẸRẸ
IMORA	RHYTHM
KIAKIA	IBILE
OORE-OFE	OJU

34 - Shapes

```
U A M E M B X L I H C K B I
R S I L I N D A B I V O Q K
C U B E W H J Q T Q V K B Ú
A N Q Y H D Z A A E Z W D N
Z O Y A Y O V H W V M C V O
Z K S B P R E T A N G L E G
W C M G E E L L I P S E W Y
T B C A R V O V A L M M C L
E X V L B A R C E G B E O O
X W D I O B A R M S I R P P
T H S A L V V Z B J O G V B
W D I M A R Y P U Z F E U I
S Z Z G M O K L V Z O D L N
T D Q O T S S T S J Z Z U C
```

ARC
AGBAYE
KONU
IGUN
CUBE
IKÚN
SILINDA
ELLIPSE
HYPERBOLA

ILA
OVAL
POLYGON
PRISM
PYRAMID
RETANGLE
EGBE
META

35 - Scientific Disciplines

```
Ẹ  I  O  L  J  Y  F  A  A  S  A  K  O  G
`  X  S  A  A  G  Z  W  J  O  R  I  R  E
R  U  L  I  U  L  I  Ọ  Ẹ  C  C  N  O  O
Ọ  V  J  U  N  Z  U  N  A  I  H  E  E  L
`  Z  M  H  R  M  B  Ẹ  J  O  E  S  D  O
Ì  E  Z  T  I  K  I  R  Ẹ  L  O  I  E  G
R  C  W  J  R  Z  E  Ọ  J  O  L  O  I  Y
Á  O  U  E  A  R  A  M  B  G  O  L  R  V
N  L  W  V  W  V  Y  L  I  Y  G  O  U  F
T  O  C  H  O  A  E  J  K  S  Y  G  A  Q
Í  G  A  N  A  T  O  M  I  V  T  Y  C  M
E  Y  A  U  J  O  U  J  O  W  Q  R  U  X
H  U  Y  R  T  S  I  M  E  H  C  O  I  B
Ẹ  R  Ọ  Ọ  R  Ọ  N  Ọ  R  Ọ  E  B  O  U
```

ANATOMI	KINESIOLOGY
ARCHEOLOGY	ORO EDE
IRAWO	AWỌN ẸRỌ
BIOCHEMISTRY	OJU OJU AYE
ISINMI	ILU ILU
EWE	ẸRỌỌRỌNỌRỌ
KEMISTRI	ARA
ECOLOGY	ẸRỌ ÌRÁNTÍ
GEOLOGY	SOCIOLOGY
AJẸ AJẸ	EBO

36 - Science

```
F  À  E  I  Q  Y  A  V  G  A  W  C  A  A
O  G  M  V  K  À  P  I  J  I  J  R  F  T
S  B  A  O  X  R  A  L  A  G  W  H  E  O
S  À  D  E  L  À  F  U  O  F  M  U  F  M
I  G  A  D  E  E  K  B  H  V  H  Y  E  S
L  B  N  S  Q  K  K  A  K  I  Y  E  S  I
G  À  W  T  Q  O  Ọ  U  T  Z  M  A  U  M
T  O  O  K  R  S  L  `  X  S  R  R  Y  A
O  T  I  T  O  A  M  L  N  Z  E  A  I  K
E  À  U  Q  H  B  H  X  H  À  B  G  X  Ẹ
Y  E  X  D  E  G  Q  C  E  H  E  H  B  K
L  I  S  B  Q  A  T  A  D  U  V  R  M  E
S  Q  A  S  L  D  A  S  I  W  J  K  R  L
U  X  I  V  N  I  B  G  O  L  O  R  V  A
```

ATOM	YÀRÀ
KẸKAMI	ÒNÀ
AFEFE	ILU
DATA	MOLEKU
IDAGBASOKE	EDA
ADANWO	AKIYESI
OTITO	APA
FOSSIL	ARA
JIJI	EGBE
ÀGBÀGBÀ	OLOGBIN

37 - Beauty

```
U U J V G G I Y X S D D I C
M A S C A R A F F A A J U U
S S H A M P O O I D R R G L
N I F O L O C C C P A J A S
Ú T S A S H S Ü B G A B G I
G I C S S T Y L I S T J W W
Ò G E F O E R O O X U J U S
C A X Y À R T J M L L Q S T
O F Y M W G S D I G I Z J M
H Z I M Ò J U K R Z R T A W
P H O T O G E N I C A C R Y
H D I G I Z B B K E N C M J
O H U N I K U N R A T U Y B
I E U C A Z V M L T I S Z I
```

ÀWÒ	MASCARA
OHUN IKUNRA	DIGI
CULS	PHOTOGENIC
IGBAGBÜ	OLOFIN
DARA	SISSORS
ÒGÚN	SHAMPOO
OORE-OFE	ARA
IRANTI	STYLIST
IFIPAJU	

38 - Clothes

```
O G U N I F A X P S V V E A
I L M N O Ò I F A C M O Y S
A G E U U R G Z J A E O A O
W I B G W Ò P H A R J E A N
U V W A J W V A M F R V V R
R C X J G À M S A E I V U Y
E X S N R B C T S G Q B D I
G Z X B Á U Ü D H B T K J W
E X O B A T A K E A R K C O
I W Q L C E Á G Y O I L A S
S E E T I K B P S W K H U A
S X I D G C M T Q O S C S N
Z H U M X A U S E A T E R T
S S E F F J T C J V C R I E
```

APRON
IGBAGBÜ
AWURE
EGBA OWO
ASO
NJAGUN
IWOSAN
ILA
JACKET
JEAN

PAJAMAS
PÁTÁ
OGUN IFA
SCARF
SEETI
BATA
SKIRT
ÀWÒRÒ
SEATER

39 - Ethics

```
V Y A M I Y E J L W V I K K
A L T R U I S M G F W F Ì S
O K X H N O G B O N B V G R
P C I T A M O L P I D G B F
O Q B S A L D E I D A H À Y
W T W U X O O X N E H O G O
O T M Y T E D H J I O C B H
S P G S U F O U F I Y D À U
O C T Ọ ` W Ọ ` O F C A F N
W D Q I W R I W O A X V N Q
O M V V M M F W R R C L Q B
F Q F C H I A R E A I C Q E
I F U R U U S B R D E Y H K
O L O H U N T M F A H G Ì F
```

ALTRUISM

AANU

IFOWOSOWOPO

IYÌ

DIPLOMATIC

ENIYAN

ODODO

OORE

OPTIMISM

SUURU

ÌGBÀGBÀ

OHUN

OLOHUN

ỌWỌ

IFARADA

IYE

OGBON

40 - Insects

```
À M C C W Q U F Y M B E Ṣ Ú
K A W M O A C F L O E T N A
Ù D P W S H S Z U S L I J M
K A Q H C S I P D Q A M K A
Ọ C G Z I E T T R U B R F B
D I F H Y D N K A I A E Z E
C C L V F H A K G T L T L E
I O E O I F M Y O O A D A L
I L A J L Z T V N J B V D X
R W F E E A H Q F I A U Y S
B E E T L E R B L J Y K B L
K R R Z M C L V Y Ọ B T U D
J S E G E U F Y A G Q O G L
G R A S S H O P P E R A T M
```

ANT	GRASSHOPPER
APHID	LADYBUG
BEE	LARVA
BEETLE	EṢÚ
LABALABA	MANTIS
CICADA	MOSQUITO
ÀKÙKỌ	TERMITE
DRAGONFLY	WASP
FLEA	IJỌ

41 - Astronomy

```
W A A K I Y E S I E T R U L
A Y K A V O N R E P U S X P
W E N E B U L A O F E E W L
O F S I J O D L Y C F T N A
R A K P C H T K O J K V O N
O L S D I O R E T S A E I E
W K J T J L E C H G M Z T T
O U I H R X C F I A E O A J
R U W B R O I E R L T D I S
O I L J Y N N R M A E I D Z
S K Y X C I C A R X O A A R
G X T F U U Q H U Y R C R Y
O S U S U Q Q T D T M I F J
L Q C F H E C O S M O S M A
```

ASTEROID
ASTRONAUT
AWỌRỌWỌRỌ
COSMOS
AYE
ECLIPSE
EQUINOX
GALAXY
METEOR

OSUSU
NEBULA
AKIYESI
PLANET
RADIATION
ROCKET
SKY
SUPERNOVA
ZODIAC

42 - Health and Wellness #2

```
C  F  L  F  V  Y  W  M  H  I  I  W  O  B
N  D  C  K  D  M  Q  O  I  L  E  R  A  R
A  N  A  T  O  M  I  B  I  X  T  K  U  Y
S  V  C  H  Ò  H  I  G  H  K  F  E  C  B
I  L  E  I  W  O  S  A  N  A  Y  I  N  E
A  S  N  R  Ì  D  O  B  K  A  C  E  Ú  J
M  Ì  Ì  S  O  V  O  G  A  R  L  X  G  N
K  M  M  S  J  Z  R  I  L  X  C  A  Ò  U
WỌ A  A  E  J  E  T  O  I  Q  S  R  O
A  ´  T  G  A  Ṣ  V  W  R  V  K  I  O  A
R  T  I  B  I  Q  I  N  I  J  G  Ọ J  W
A  Ó  V  A  I  F  Ọ W  Ọ R  A  V  R  W
W  T  U  R  C  T  T  K  Y  Q  L  S  U  Ọ
K  Ó  Q  A  G  S  A  U  M  C  J  V  Q  D
```

ALARA
ANATOMI
ENIYAN
EJE
KALORI
ÒGÚN
OUNJE
AISAN
AGBARA
JINI

ILERA
ILE IWOSAN
ÌMỌ́TÓTÓ
IKỌRỌ
IFỌWỌRA
IṢESISI
IGBAGBO
WARA
VITAMIN
ÌWÒ

43 - Time

```
O  S  U  Y  I  X  U  L  J  A  D  S  C  R
R  A  R  S  S  X  I  T  A  E  C  C  R  U
U  Ọ  U  J  A  W  I  N  G  I  R  C  C  Q
W  U  J  A  W  I  O  J  O  Y  P  R  W  U
O  Q  E  Ọ  O  D  O  D  O  A  A  E  V  Q
M  O  S  Ẹ  Ọ  O  C  V  L  B  X  X  C  Y
U  A  I  B  F  Ọ  S  H  O  A  Z  S  D  I
V  V  Q  V  O  D  D  W  N  U  D  O  B  C
W  U  D  M  R  I  R  U  I  E  T  R  Y  Z
T  E  T  E  U  O  W  O  N  A  A  G  O  V
O  I  X  B  U  E  S  W  A  K  A  T  I  H
Q  K  O  C  A  V  V  A  D  N  Ẹ  L  A  K
O  R  U  N  M  I  L  A  N  C  D  L  D  U
J  V  V  B  O  J  O  Q  B  W  Q  F  I  E
```

ODODO	ISEJU
NIWAJU	OSU
KALẸNDA	OWURO
ORUNMILA	ORU
AAGO	OSAN
OJO	BAYI
ỌJỌỌ ỌDUN	LAIPE
TETE	LONI
OJO IWAJU	OSE
WAKATI	ODUN

44 - Buildings

```
I  Y  C  V  Z  Q  K  M  U  I  D  A  T  S
I  L  À  I  C  Z  L  B  V  L  E  T  O  H
L  E  E  R  N  O  T  I  S  E  Y  I  K  A
Ẹ  T  O  I  À  E  V  Y  U  I  A  K  S  J
Ọ  S  Y  Z  W  I  M  W  D  W  Ṣ  H  M  T
N  O  O  A  T  E  V  A  J  O  O  X  G  C
Ọ  H  L  R  T  S  Z  O  T  S  J  U  W  H
Ì  L  E  Ọ  J  A  N  L  A  A  U  Z  I  C
A  N  U  Z  C  U  E  B  V  N  Q  O  G  A
D  I  L  E  I  Ṣ  Ẹ  À  T  Á  T  Ì  B  S
M  B  H  E  H  Ü  B  G  A  B  G  I  E  T
C  A  K  A  I  S  G  Ọ  H  D  Z  K  G  L
F  C  A  B  À  I  O  ´  S  G  M  V  B  E
U  N  I  V  E  R  S  I  T  Y  B  O  E  I
```

IGBEGBE	YÀRÀ
ABÀ	ILE ỌNỌ
CABIN	AKIYESI
CASTLE	ILE IWE
CINEMA	STADIUM
AṢOJU	ILE ỌJA NLA
ILE-IṢẸ	ÀGỌ́
ILE IWOSAN	ÌTÁTÀ
HOSTEL	IGBAGBÜ
HOTEL	UNIVERSITY

45 - Gardening

```
Z E U W G U F Z A D B C G M
A Q J X J C A E S R Q Z W E
Y W K G C O M P O S T J I Y
K I Ọ K M B J S E T U U M W
H X J N O L O D O O B U E B
E W W U I J E P E Q X H B O
Y O D Q T R E X O T I C O U
C R R E É G U I D O D O T Q
Y K A M D W B G Y V R B A U
C J H F E P O I B O M I N E
K D C K E S Z L C I A Q I T
Q U R T W F I E A S N A C D
K F O L E D E S O H R H A H
Ọ R Ọ R I N O A A Y V K L G
```

IDODO	OLODO
EBOTANICAL	EWE
BOUQUET	HOSE
AFEFE	ỌRỌRIN
COMPOST	ORCHARD
EPO	ASISE
DÉTI	AWỌN IRUGBIN
JEPE	ILE
EXOTIC	OMI

46 - Herbalism

```
Z Y K Q F V O D O D Ò T Ọ F
M I N T I E E N G E R E G Y
W K I M L J N F A T A R B T
Ọ K Q Y S N C N S G V C À V
R G O J H U L J E X E K C L
B R B U J E I Y E L S R A P
A S Y I Z J E Q X S K E O I
K E Q V N I Y K A A O D S O
A L A W Ọ E W E N F D N A I
R O S E M A R Y F F D E L G
O C I T A M O R A R R V A F
M A R J O R A M A O G A R X
T A R R A G O N N N W L T S
F L H Y Z R H B I L I S A B
```

AROMATIC	ENGERE
BASILI	LAVENDER
ANFAANI	MARJORAM
IJEUNJE	MINT
FENNEL	OREGANO
ALASO	PARSLEY
ÒDODO	ỌGBIN
ỌGBÀ	ROSEMARY
ATA	SAFFRON
ALAWỌ EWE	TARRAGON

47 - Vehicles

```
Ọ  K  F  I  K  X  H  E  S  K  C  O  C  X
`  K  E  E  R  I  T  N  C  M  O  T  O  J
R  S  Ọ  J  R  Y  X  G  O  Z  C  J  E  E
Ọ  C  V  I  I  Y  V  A  O  W  Z  D  F  G
`  T  Y  X  R  S  K  N  T  E  K  C  O  R
`  Q  U  A  Q  I  B  E  E  W  S  Ọ  R  Ọ
Ọ  R  D  T  O  E  N  I  R  A  M  B  U  S
J  V  A  Q  C  R  O  K  U  N  R  I  N  S
Ọ  R  E  T  P  O  C  I  L  E  H  Y  H  B
B  Ọ  Ọ  S  I  T  T  S  J  F  G  U  D  O
D  F  E  T  J  C  H  T  R  A  H  J  L  U
Y  V  E  D  K  A  R  A  V  A  N  F  C  Y
G  I  U  F  U  R  U  F  O  O  K  O  U  Q
R  A  F  T  E  T  Q  I  O  U  Z  T  I  M
```

OKOOFURUFU	ROCKET
KEJI	SCOOTER
OKUNRIN	SỌRỌ
BỌỌSI	SUBMARINE
KARAVAN	OJỌ̀ Ọ̀RỌ̀
ENGAN	TAXI
FERY	TIRE
HELICOPTER	TRACTOR
MOTO	ỌKỌ-IRIN
RAFT	

48 - Health and Wellness #1

```
I  I  A  P  A  P  A  R  A  J  T  O  F  E
X  U  P  I  F  A  G  B  R  G  C  M  I  L
I  E  E  I  C  G  I  S  A  N  À  B  G  À
H  T  K  K  N  M  G  U  C  Z  R  W  O  Z
R  E  G  W  U  L  T  K  O  Z  Q  V  B  A
D  F  Q  D  G  X  E  L  F  E  R  A  G  K
E  Ó  A  W  O  N  H  O  R  M  O  N  E  S
G  C  K  C  T  J  U  X  F  L  Z  B  L  O
U  I  W  Í  U  Y  U  H  F  W  L  Z  E  K
N  N  S  Q  T  V  J  Q  J  A  J  M  E  W
G  I  B  I  R  À  O  S  I  S  E  R  L  O
U  L  Q  I  N  E  T  V  G  X  F  G  I  O
N  C  E  B  I  M  I  W  S  M  A  B  T  E
J  M  T  T  G  A  I  R  E  T  K  A  B  G
```

OSISE	EPA
BAKTERIA	OGUN
EGUNGUN	ISAN
CLINIC	ILE ELEGBOGI
DÓKÍTÀ	IPINLE
IFA	REFLEX
ÀGBÀ	ISINMI
GIGA	ARA
AWON HORMONES	ARAPAPA
EBI	ITOJU

49 - Town

```
O K O O F U R U F U T C Z R
I L E E L E G B O G I L O A
À H T A S A Q X D L B I O Z
M W O F Y E E C O R R N G K
U L Ò T E M Q X D A Q I G F
I Q Y R E J Q Q O E L C U Z
D W K B Á L Y X L A S J B B
A C E B G N K Z O J Q G L O
T I B I I L E Ọ J A N L A O
S N G V W Q H T À T Á T Ì J
M E R E K E B Z S I X W J A
U M I L E I F O W O P A M Ọ
U A I L E I W E I L E Ọ N Ọ
U N I V E R S I T Y I J F M
```

OKO OFURUFU   ILE ỌNỌ
BEKERE   ILE ELEGBOGI
ILE-IFOWOPAMỌ   ILE IWE
CINEMA   STADIUM
CLINIC   ITAJA
OLODODO   ILE ỌJA NLA
ÀWÒRÁN   ÌTÁTÀ
HOTEL   UNIVERSITY
IWE IWE   ZOO
OJA

50 - Antarctica

```
R  I  T  F  I  D  A  W  U  L  O  U  Z  H
H  S  T  J  Ṣ  H  W  B  V  X  B  V  G  W
K  L  X  C  Ì  I  T  O  J  U  U  W  W  Q
Y  A  I  Q  Ṣ  M  D  R  W  V  W  L  G  B
Y  N  U  M  Ì  M  O  X  K  E  T  J  L  E
I  D  L  X  P  I  R  I  N  A  J  O  A  Y
N  Ú  G  I  O  H  O  W  C  L  U  J  C  E
Y  A  C  T  F  F  W  H  J  R  L  E  I  O
I  K  H  A  G  B  A  Y  E  B  A  Y  E  L
N  I  C  P  E  N  I  N  S  U  L  A  R  O
K  Y  A  O  R  B  J  U  R  U  W  I  S  G
F  A  U  E  R  U  W  A  D  V  D  L  K  B
A  K  I  Y  E  S  I  T  O  P  O  U  A  O
F  D  H  M  F  E  Z  X  I  B  U  S  D  N
```

BAY	ISLAND
EYE	IṢIṢIPO
AWURE	ILU
ITOJU	PENINSULA
AGBAYE	OLUWADI
AYIKA	ROCKY
IRIN AJO	OLOGBON
AWORO	IGÚN
GLACIERS	AKIYESI TOPO
YINYIN	OMI

51 - Ballet

```
H Z K G X K R T W J Z Q Ì F
V A Ẹ K I E F U L O L O Ṣ G
O O R E O F E F J L O W À J
À G Ẹ A I K A I K O O T Ṣ C
W K Ṣ N B I W A X G B B Ẹ R
Ọ S I A L G Z H V B C G R H
N F U L R Z A K Y O R R G N
Ọ X R I X G O J I N O T V Ú
` R J I R J S F L T W R X K
R I R H Y T H M U B O F I Í
Ọ S G K E V W X F H V M E N
` A G O R C H E S T R A U O
R N R A T W B Ì P I N Q Z A
Ò O C A N Ọ Ẹ Ṣ I X L C I V
```

ÌPIN   AGBARA
IṢẸ ỌNA   ISAN
OLOLUFE   ORIN
ÀWỌN ÒRỌRÒ   ORCHESTRA
ONÍKÚN   ÌṢÀṢẸ
ONIJO   RHYTHM
KIAKIA   OLOGBON
IṢẸRẸ   ARA
OORE-OFE   ILANA

52 - Human Body

```
O  G  J  C  Ì  H  O  E  D  O  B  E  K  Z
Q  R  R  V  K  K  R  J  O  R  C  I  O  O
G  Y  U  O  A  Q  U  I  N  I  H  C  K  A
O  J  U  N  G  J  N  K  U  T  H  Y  O  T
A  Y  N  B  K  B  F  A  G  E  J  E  S  E
L  B  E  L  U  U  O  Y  N  A  K  O  Ẹ  O
A  K  A  Ọ  W  Ọ  N  N  U  I  M  U  O  E
B  C  T  B  Z  X  B  U  G  M  B  I  T  C
G  X  R  X  Q  X  V  K  E  Ú  Y  D  U  K
I  X  H  H  J  S  R  F  J  E  T  X  X  E
R  O  G  J  C  L  D  X  T  U  T  O  Z  U
U  O  X  I  V  J  T  G  F  W  W  V  A  H
H  O  F  K  V  W  F  U  A  Q  G  C  R  T
S  Y  V  U  D  T  R  K  Z  Z  W  T  A  X
```

KOKOSẸ	ORI
EJE	OKAN
EGUNGUN	ABA
OGBON	ORUNKUN
CHIN	ESE
ETI	ENU
IGBALA	ORUN
OJU	IMÚ
ÌKA	EJIKA
ỌWỌ	ARA

53 - Musical Instruments

```
G  Z  J  S  X  O  U  M  S  O  Y  C  L  G
D  Z  F  X  U  J  L  O  J  B  U  L  J  Z
O  J  Ú  C  E  L  L  O  J  R  H  A  V  O
M  T  N  Z  E  V  K  H  A  R  P  R  I  J
R  A  E  O  B  O  W  R  D  M  L  I  O  J
O  J  N  A  B  J  B  C  F  O  D  N  L  Q
T  R  O  M  B  O  O  N  E  F  J  E  I  Q
E  A  H  E  V  M  A  R  B  A  B  T  N  Y
P  T  P  P  E  N  I  R  U  O  B  M  A  T
M  I  O  I  I  C  Q  R  E  J  G  Z  A  M
U  U  X  E  H  A  S  R  A  K  W  O  F  H
R  G  A  S  C  B  N  O  Z  M  V  W  N  R
T  J  S  Ì  L  U  N  O  O  S  S  A  B  G
R  L  O  E  V  M  A  N  D  O  L  I  N  S
```

BANJO	MANDOLIN
BASSOON	MARIMBA
CELLO	OBOE
CLARINET	PIANO
ÌLU	SAXOPHONE
FÚN	TAMBOURINE
GONG	TROMBOONE
GUITAR	TRUMPET
HARP	VIOLIN

54 - Fruit

```
O M V O G N A M K I S L C B
P L S J E O E D S C T O W G
E B E S S L V C G K X T G S
O A C M O E V M T O G E D E
Y À H K P M K K F A V A U G
I R Ṣ J I Q E E Y A R O M Y
N Á R Ẹ A Y A P A P H I U Y
B J I Ẹ H O X O K V W N U
O À B L B R C Q I R A I Ọ E
A A P U Ọ I R T W T K M H
G M I H S I P O S E Y T Ẹ C
B G U D A E F T M O X L L W
O H O B N I Y O A H I P M U
N R A S I P I B Ẹ R I T M R
```

APU	LẸMỌNU
PIHA OYINBO	MANGO
OGEDE	MELON
BERRY	NECTARINE
ṢẸẸRI	ỌSAN
AGBON	PAPAYA
EEYA	ESO PISHI
ÀJÁRÀ	ESO PIA
GUAVA	OPE OYINBO
KIWI	RASIPIBẸRI

55 - Virtues #1

```
G M Ọ N K A R A B G A L A A
Q Ẹ I O W I M R L S X X M S
Y S ´ B S D J I J A H E O O
R V K G C L O N O O I E D W
E Q H O Ẹ Y X I L E X S W O
R Q S L R ´ W M O W I R A L
E F Q O L R G O W U L E P N
I U M T Ọ X E Ẹ O R I C O A
Ì F Ẹ ´ R Ẹ ` H ´ E Y I U R
U K L O Ọ R T J S K A W Z I
C N F C W T L E H R N U I H
V Z A N Ọ Ẹ Ṣ I G U I L B U
T A C Y W L U B B M N O B T
E O V O I O B S G J U D Y T
```

IṢẸ ỌNA	IRANLOWO
PELU	OMINIRA
MỌ	IWỌWỌRỌ
IYANINU	ÌFẸ́RẸ̀
IYANU	ALAISAN
ALAGBARA	IWULO
EWURE	GẸ́GẸ́GẸ́
OLOWO	OLOGBON
RERE	

56 - Engineering

```
S  V  Z  X  O  J  M  C  G  Z  Z  A  U  I
T  E  Y  U  S  I  X  A  A  O  C  T  E  D
R  Q  Y  I  S  A  Ẹ  R  Ọ  V  H  E  N  U
M  Z  C  Q  Ẹ  R  Ẹ  Ṣ  I  J  Y  L  G  R
A  W  O  R  A  N  A  W  O  R  A  N  A  O
I  G  U  N  R  W  I  Ò  K  Ò  T  I  N  Ṣ
D  I  E  S  E  L  A  P  O  Y  I  J  O  I
Q  F  C  S  T  O  G  O  I  D  X  I  B  N
D  I  A  I  E  M  B  O  Z  P  I  O  Q  Ṣ
S  W  R  A  M  I  A  T  Y  D  X  W  I  I
M  E  K  V  A  T  R  I  H  C  I  V  Ọ  N
U  O  U  D  I  U  A  H  G  C  F  Z  Q  N
K  Q  T  R  D  M  C  H  C  H  Á  O  I  F
W  S  Z  O  R  I  Ṣ  I  O  R  I  L  E  C
```

IGUN	ENGAN
AXIS	IFÁ
IṢIRO	JIAR
ÒKÒ	OMI
IJINLE	ẸRỌ
AWORAN AWORAN	ODIWỌN
DIAMETER	MOTO
DIESEL	IṢẸRẸ
PIPIN	IDUROṢINṢIN
AGBARA	ORILE

57 - Government

```
A O D O D O O S I A U Z I K
L L O G Q O O L E L N I P I
A O F L L N S M O F A T D I
F R I Y C I L E I F A N Y D
I I N W A L D C B N I M A A
A T N E M U N O M L I N H J
A L O S E L U O R O V R L O
O R I L Ẹ E D E K R U R A D
X I I L Z È D È ` Ẹ L Í R O
I F Ọ R Ọ W Ọ R Ọ W Ọ R Ọ D
D A R W X T E O H G Z D Y O
Ì D Á J Ọ´ Ọ` R Ọ` F Z D
T Y C L R I L S X V F J S I
C T M U J C B B G R O A D Z
```

ONILU
ILANA
OLOFIN
ÌDÁJÓÒRÒ
IFORỌWỌRỌWỌRỌ
IDODODO
IDAJO
ODODO
OFIN
OLORI

OMINIRA
MONUMENT
ORÍLẸ̀-ÈDÈ
ORILẸ-EDE
ALAFIA
OSELU
ORO
IPINLE
AMI

58 - Science Fiction

```
I V U Y W U E L C A R O C M
R N M C M T U Á X X R G I R
I A A D E W S Ì B M X K N F
S T B M I G C L H U D T E O
A I G B A S V Ẹ A U Q E M H
Q C U L H G T ` A J U N A S
K V B D A J A O I A L A R A
K Ẹ M I K Á L Ì P W H L A I
R C O Q I G Y F O I U P Y M
C W C W M T A F T O A I E Ọ
Y R O B O T S L U J M W F Ẹ
O X V B T U R G A O W E D R
A B W B A M J Q E X R W E Ọ
F A N T A S T I C O Y C M F
```

ATOMIKA	GALAXY
IWE	ITAN
KẸMIKÁLÌ	ALARA
CINEMA	ASIRI
DISTOPIA	ORACLE
BUGBAMU	PLANET
LÁÌLẸ	ROBOTS
FANTASTIC	IMỌ-ẸRỌ
INA	UTOPIA
OJO IWAJU	AYE

59 - Geometry

```
I H Y R P I L Q A D D V K X
E G Z D O P Á J C Q I R F C
Q Y U X R I Ì J M J E K G R
U R R N I N W N Ọ M B A Ú X
A T E M Z X Ò W S V O I P N
T E T I O R O W S L R Ṣ A M
I M E N N A G B A Y E I R Z
O I M O T M W H M G L R A L
N S A R A S Y Q K I I O L Z
V V I O L J B U X S N G L A
J Z D A G B Á D E N O G E K
S U H L E V V W S W B H L F
T S D Y L W Z S E A X W I M
D I M E N S I O N A L R H L
```

IGUN
IṢIRO
AGBAYE
IKÚN
DIAMETER
DIMENSION
EQUATION
GIGA
PORIZONTAL
LÁÌWÒ

MASS
AGBÁDEN
NỌMBA
PARALLELI
IPIN
ONILE
SIMETRY
ORO
META
INORO

60 - Airplanes

```
H E L H I V H Z E E M D O X
D B U J O T I S Q Y F Q M Z
Q F N M Y G A R A B G A F J
Z T O L I P G N Y O Z Y Ò L
J T Y K S W I O Ẹ I S O K Z
T C E V N E G O R D I H Ò I
T C Q E H R E L Ẹ A I Y E B
D B W J C N L P W U M O A
A S S A W I Ì A A R L M D L
R A R A G Y Y B S K T F M Ẹ
E N G A N Z Á A K B Ọ G H O
Q L V U D G W M N H A S S S
C R E Y T Z Ì E F G G C I X
A T M O S P H E R E F X D Q
```

ÌWÁYÌN   ENGAN
AIYE   EYONU
AGBARA   GIGA
ATMOSPHERE   ITAN
BALLOON   HIDROGEN
ÒKÒ   IBALẸ
CREW   ENIYAN
ISỌKALE   PILOT
APẸRẸ   SKY
ITOJU   RARA

61 - Ocean

```
Ì  A  W  Ọ  N  E  D  E  J  E  S  Ò  D  G
X  G  J  Y  Z  Z  A  K  O  K  M  K  R  C
T  E  B  H  A  M  K  B  I  J  I  Ú  H  K
O  Q  H  À  H  N  A  K  N  I  R  N  A  K
R  W  E  H  G  G  N  L  T  E  Y  D  G  I
Q  E  M  T  V  B  T  T  K  L  E  E  H  G
O  L  E  F  D  Y  À  L  O  T  U  N  A  B
V  A  J  F  W  D  T  S  R  R  B  M  Y  O
D  H  G  B  C  Q  O  M  A  U  Y  Ò  W  H
X  W  Y  D  F  A  Z  L  L  T  Z  G  D  M
E  J  A  S  H  A  K  I  P  J  Ọ  Y  I  A
V  E  O  K  U  N  R  I  N  H  V  Ì  Z  C
L  J  Y  W  L  B  E  D  L  C  I  N  Z  J
T  A  J  E  L  L  Y  F  I  S  H  N  R  H
```

OKUNRIN	ÒKÚN
KORAL	EJA SHAKI
AKAN	AWỌN EDE
DOLPHIN	KANRINKAN
EEL	IJI
EJA	ÌGBÀGBÀ
JELLYFISH	TUNA
ÒGYÌN	TURTLE
REEF	IGBO
IYỌ	WHALE

62 - Force and Gravity

```
M I A H J M S I T E N G A M
J R R J J K I R F T I B R O
H O F F W Y X A I Á V K A X
O S A A L H A W H C Y E Y Ì
G U I E M O Q A B E A R I D
A N I M U G B O R O O S I Á
A W I G L A S R E V I N U Y
E K Ọ Í I V Q B W T Ṣ G Ì É
L J C N A R I J I J Ẹ R W Y
F R B Í Ẹ K X L B L R A Ò A
R A B N Ì R A A V O Ẹ O R J
S J V O Q M Ọ M A A T W B A
H D W D X G T A T B U J R Q
J R X U X B X M D F V W M W
```

AXIS
AARIN
AWARI
JIJIRAN
ÌDÁYÉ
IMUGBOROOSI
IFÁ
MAGNETISM
AWỌN ẸRỌ

IṢẸRẸ
ORBIT
ARA
IROSUN
ONÍNÍ
IYARA
AAGO
UNIVERSAL
ÌWÒ

63 - Birds

```
S F G K R O T S T Z K Y C S
E L E Y E E S O O G Z V M B
U A T E B G E T W I C T X G
J M D X V X O H R K I H Y S
Ẹ I D A M Y I W E I I D Ì W
Ṣ N I U G N E P L R C D S A
O G I P E L I C A N O H P N
G O B Y I S D U V A O N E L
O K J Y Ẹ L R O H C K S A K
L K A N A R Y A A U C Z C M
O G G M V F Z H D O U A O M
P A R O T U V L T T C A C X
F H U D G J C Z L L Z E K E
K O W O S U S Z M G I U S V
```

KANARY
ADIẸ
KOWO
CUCKOO
EYELE
EGBETA
IDÌ
ẸYIN
FLAMINGO
GOOSE

HERON
OSTRICH
PAROT
PEACOCK
PELICAN
PENGUIN
OLOGOṢẸ
STORK
SWAN
TOUCAN

64 - Nutrition

```
V I T A M I N O I T O J Y S
L B M K S Y O Z U T S E I T
D A R A A L A S O N U P W E
A K O J À U D Ò Y X J E O N
W E M D W K I O J O J E N I
Ọ N I R Ọ K G R C Ò F R T Y
N Ì W Ò N K E Í S J R R U A
K G F V P L S K F W Z Ò N N
A F W G Í Z T Ò I L V R W F
L D E I R O I I Y Ṣ I Q O D
O D W F É K O L A R Ẹ L N B
R Z L Á T C N E U H K ´ S R
I Z G T Ì I T R G W B U I U
D R Y G N G V A H J M H G O
```

ENIYAN	ILERA
IWONTUNWONSI	OMI
KỌRIN	ÀWỌN PÍRÉTÌN
AWỌN KALORI	DARA
OUNJE	OSU
DIGESTION	ORÍKÒ
JEPE	ÒJÒRÒ
IFÁ	VITAMIN
ALASO	ÌWÒ
IṢẸ́	

65 - Hiking

```
U E D V U H W H H M R H F D
M X M E O R L Q O S L X X S
M A P K R Y Y Z W Z W Z X Q
À L E K Ò U N O O K N A R Ẹ
G A F U Z W O F B M A Z J G
B K E W W W I X G R I H E I
À T F O K U T A I S Q C T X
Ì P A R Á L A D W A T D A U
K T O I V G T E S K R A P I
S H H Q C G N U S I M Á A K
B D F O J O E Z Y L B D N D
Ò Q Z B D A I J A E C I K Ú
T T C X E J R G O W E O A T
Ò K H Z A Q O C G U L Q W I
```

ẸRANKO
BÒTÒ
ÀGBÀ
AFEFE
ERU
MAP
ÒKE
EDA
ORIENTATION

PARKS
ÌPARÁ
OKUTA
SUN
ARÁNÚ
OMI
OJO
IGBO

66 - Professions #1

```
O Z G Q O N I J O T E L U E
L K E X T J T P L U M B E R
U A O D D Z S I K Ò K Ú N U
K W L J O F I D O Z V J U C
Ọ Ọ O O N Í N ṢẸ́ B Ò K Ò
N R G O C Y A S I T A Z O W
I Ọ I R L D I E L O E F X A
D W S O U O P O H I H S G W
Ó Ọ T L T I F K C V S S S O
K R A O G H Q I O O I H L Q
Í Ọ O O F G W Q N I R O L O
T B U T Y E Z O L O H U N M
À E V U A M B A S S A D O R
A G B A Y E N Ọ Ọ S I V H J
```

AMBASSADOR	ODE
AWỌRỌWỌRỌ	OLOHUN
AGBAYE	OLORIN
ONÍNṢẸ́ BÒKÒ	NỌỌSI
OLUKỌNI	PIANIST
ONIJO	PLUMBER
DÓKÍTÀ	OLOFIN
OLOOTU	ÒKÚN
GEOLOGIST	TELU

67 - Barbecues

```
O C S K O X C L C O Q M U V
D U S O R I Y Ọ A E R B C Z
I S N R I B E B O K B E S D
C U M J N V L L I R G R A X
V S X M E T A N O B G E L Z
I O F E W T E W C J H A A U
K H R Z E W J W Z V Ẹ I D A
Z T Q A V B N U L E T K I X
O F H X V Q U G M U V J K Q
L O S B J O O W O G X W V Q
U Y G S D E D V H M E Z I J
E Z H C D A Q W J C O E K D
S K R O F F U A É L Í D Ì S
O U L R H T T O M A T O E A
```

ADIẸ	GBONA
OMODE	EBI
OUNJE ALE	OBE
ÌDÍLÉ	ORIN
OUNJE	SALADI
FORKS	IYỌ
ORE	OSU
ESO	OSUSU
ERE	TOMATO
GRILL	EWE

68 - Chocolate

```
F W K Z B E X O T I C S A V
A V U D Z M K X X F E U G V
S E Q M M L I L Y J S G B U
O A W Ọ N K A L O R I A O C
K Ọ R I N E N E R P B R N A
E L C A H F A C N U O U C C
Z V F G D L L C G G G W W A
E P A A S Z I W C B E L E O
Z C M L K A R A M E L R X R
X T N A D I X O I T N A E I
G U B S U N Ẹ T W D I M U M
X J R O N U H O L O V W X C
Y Z B B F S I M U T F O D A
G Q Z C T R O F A Y A N F Ẹ
```

ANTIOXIDANT
KỌRIN
CACAO
AWỌN KALORI
KARAMEL
AGBON
OLOHUN
EXOTIC
AYANFẸ

ALASO
ENGERE
EPA
POWER
DARA
ILANA
SUGAR
DUN
TẸNU

69 - Vegetables

```
T Y E Q R O J Z G G D U X F
I O W O S E L E R I K M K F
G A M Z H L S A L A D Ẹ F Ọ
B T O A H Q I M W Y R T Q Z
A I L B T R A E D E G E L E
V S I M U I T V F L U R K Q
Y H L U D O A Y Q S S A A U
F O I K R X L W X R S D R S
B K W U V B Ẹ M X A H I Ọ L
L I E K O F V Y K P A S Ọ V
A S O B U L A T A I L H T T
B Z U E Q D U D Q N O B I E
O F L A X H T G L U T X X V
D Y T V S K Q O I T I J S Z
```

ATISHOKI	ALUBOSA
ẸFỌ	PARSLEY
KARỌỌTI	EWA
SELERI	ELEGEDE
KUKUMBA	RADISH
IGBA	SALAD
ATA	SHALOTI
ATALẸ	OWO
OLU	TOMATI
OLILI	TUNIP

70 - The Media

```
L B L J C J K O Z Y B W G M
K F K A C V S T H E H Z T B
O T K N O I S I V I L Ẹ T F
N O I T I D E T U F A K U M
L Z H O X H O O U Y O T W V
I I Ị B A R A Ẹ N I S Ọ R Ọ
N B A D W Y K C S S O R D Ì
E I F O G B O N T O A Ọ I G
O L V R Z R A D I O R W G B
V E H E S E S I E S I Ọ I À
K D O W O R R L G U K W T N
O N I K Ọ K A N K A N Ọ A À
H O L K Q G J B D Q A F L I
Ẹ K Ọ S Z W O U A D I I O Q
```

OWO   OGBON
IBARAẸNISỌRỌ   IBILE
DIGITAL   REZO
EDITION   ONLINE
ẸKỌ   ERO
OTITO   ÌGBÀNÀ
IFỌWỌWỌRỌ   RADIO
ONIKỌKANKAN   TẸLIVISION
ISE-ISE

71 - Boats

```
V L Ọ K Ọ R Ọ Ọ K Ọ R Ọ K G
C A N O E L U L T U B W F D
V B E Z J A R V G G Q U S E
K A Y A K K N U K O D O O C
Ì E B U I E Y G L F L D L Y
D T I D E A A Z V X Y O D F
Á B T J L B C N M Ò K Ú N E
K Q A R W S H A S M L Q X R
Ọ X D E A S T U I A Z D I Y
` X F N D F V T G S X W C Z
R V J G W A T I B T K H X M
Ó U D A G L X C O K I R A L
F D K N V F Q A C R E W J M
T Q G K X J R L J Q U V I A
```

ÌDÁKỌRÓ   ÒKÚN
BUOY   RAFT
CANOE   ODO
CREW   KIRA
ENGAN   ỌKỌRỌ ỌKỌRỌ
FERY   OKUN
KAYAK   TIDE
LAKE   IGBO
MAST   YACHT
NAUTICAL

72 - Driving

```
`  L  E  N  N  U  T  I  T  H  K  B  E  C
Ẹ  Q  G  C  O  E  U  Y  D  T  K  S  Y  M
B  R  A  K  E  S  J  Y  K  O  Q  Ẹ  O  V
G  M  R  A  Š  Ẹ  O  V  A  J  R  L  N  G
Á  C  A  P  O  L  O  O  T  O  M  Ẹ  U  W
L  E  G  S  I  B  M  N  K  D  O  K  Q  X
A  L  U  P  O  B  A  A  Y  A  W  Ọ  S  V
O  A  D  R  S  M  R  S  B  T  W  Y  I  R
A  P  X  B  T  S  A  Q  S  B  H  A  J  S
B  H  O  T  M  H  Y  H  T  W  X  Ọ  A  U
M  Z  U  P  U  T  I  K  X  C  M  K  P  W
A  A  I  M  O  Z  Q  A  G  A  S  Ọ  A  K
J  V  P  M  Z  N  A  S  F  W  X  M  O  Q
I  G  B  A  N  A  A  M  F  L  B  W  U  K
```

BRAKES	ALÁGBẸ̀
IJAMBA	OLOPA
AWAKO	ONA
EYONU	AABO
GARAGE	IYARA
GAS	OPOPONA
AŠẸ	IJAPA
MAP	IGBANA
MOTO	ỌKỌ AYỌKẸLẸ
ALUPO	TUNNEL

73 - Professions #2

```
K C T M I J N I G N E V O B
F M U D S Q I A N Ì D Ó L O
A L A Y E Z Y T R S G A U B
O O N X Z T O L O F I N K G
R N O U H Ì R N P O X T O O
Í Í R I T T O A W I Ṣ F V L
K K T T W Í K I V O L Ẹ T O
Ì Ú S I J N A R O W A O R U
F N A J O Á G A A J H Q T Ẹ
O L U W A D I R Y Y U X C V
O N Í Ṣ Ẹ Ṣ Ẹ B E I V K I K
J Q N U G E S I N O R R F D
O L O G B O N L A K A C I E
Y M D W M X H I M Q C S Y T
```

ASTRONAUT
OLOFIN
DÁNÍTÌ
OṢẸRẸ
ENGINJI
OLOGBO
OLOGBON
ALAYE
ONÍṢẸṢẸ
AKOROYIN

LIBRARIAN
OLÓDÌN
ORÍKÌ
AWORAN
ONISEGUN
PILOT
OLUWADI
OLUKO
ONÍKÚN

74 - Mythology

```
O M L O L A B Y R I N T H À
L À H W W W V R V Q Q H Z Ì
O N A U W À I G B A G B O W
G À W R D S L H K S H Y C Ò
B M I Z A Ì M À V A S R K R
O Á O R K R K A Y Z X K M Ò
N N U R O Ò S K U É W W Q Z
V Á J Z K D F O O B I R I N
Ò K Ú C J B M N A S Ẹ B G X
O I T H M M F I D R Z T L U
H I S V O A I J A L A T B S
K L W H J H K O D D S B S E
Y C L F X T J U Ẹ S E G G R
A R C H E T Y P E U W H H Y
```

ARCHETYPE   ÀÌWÒRÒ
IWA   OWU
IGBAGBO   LABYRINTH
ẸDADA   ÀLÀYÉ
EDA   MÀNÀMÁNÁ
ASA   OBIRIN
ÒRÌSÀ   ÒKÚ
IJALA   GBẸSAN
ORUN   ARA
AKONI   OLOGBON

75 - Hair Types

```
K U A L A W U N G X L O I J
E U Ọ P U Ṣ I L S H I G D Q
N I R N I T W O I G G B E F
Ú V Ọ U G V F F S L U C X U
F F R N I P Ọ N T R E G I N
W M A O X Y W L S M R R L F
X W W Y O T M Z F I J G A U
I B B B J V B Y X C S R D N
F J Z Z E D C E E R R A A U
M S R A B U B I B Q E Y F C
C T R H U D D V L L I A F W
W F L Q X U Y F Q Y O Y H L
A P Á D A N D A N R W N Ú G
M X Q T E T I Y Z E A X D M
```

APÁ   ILERA
DUDU   GÚN
BLOND   DANDAN
FÚN   KURU
ALAWUN   FADA
AWO   RỌRỌ
CULS   NIPỌN
ṢUPỌ   TINRIN
GGBE   FUNFUN
GRAYAY

76 - Garden

```
S  K  I  M  O  I  M  O  K  T  A  A  R  Ò
H  A  R  B  L  G  W  D  O  R  M  A  T  D
E  J  A  C  U  I  H  F  R  A  S  Y  G  O
H  K  K  F  S  J  F  R  I  M  V  J  U  D
S  A  E  L  I  D  O  L  K  P  X  G  A  O
U  N  M  D  G  L  O  K  O  O  E  F  V  S
B  A  J  M  X  A  B  H  O  L  A  V  Z  O
K  L  W  I  O  C  Z  O  V  I  Ọ  E  O  F
T  I  B  F  I  C  K  S  T  N  İ  G  F  X
I  G  B  O  A  V  K  E  R  E  B  A  B  F
T  E  R  R  A  C  E  E  X  Y  V  R  A  À
A  R  K  Z  F  M  J  Z  C  U  J  A  S  M
I  J  Z  G  I  V  O  F  I  N  D  G  O  X
D  M  I  V  F  J  T  E  R  Y  Z  Y  M  W
```

IBUJOKO	OMI OMI
BUSH	ILANA
ODI	RAKE
ÒDODO	OKO
GARAGE	ILE
ỌGBÀ	TERRACE
KORIKO	TRAMPOLINE
HAMMOCK	IGI
HOSE	IGBO
OFIN	

77 - Diplomacy

```
D  K  D  I  P  L  O  M  A  T  I  C  S  I
L  B  E  W  C  O  C  B  D  K  T  Q  D  F
Q  K  U  E  J  K  C  E  R  F  S  O  O  Ọ
A  Ṣ  O  J  U  X  I  O  X  D  I  J  O  R
A  Ì  N  O  D  O  D  O  A  C  J  U  P  Ọ
W  M  O  B  F  Z  S  V  A  W  A  T  O  W
I  I  B  A  V  U  E  S  L  W  Q  U  W  Ọ
J  P  G  A  D  W  L  F  R  I  U  U  O  R
E  O  O  F  S  G  O  E  V  K  H  J  S  Ọ
J  L  L  G  T  S  K  S  O  L  M  Ì  O  W
A  O  O  V  K  D  A  E  E  D  V  J  W  Ọ
I  N  A  Y  I  N  E  D  C  L  L  Ọ  O  R
X  G  J  X  S  I  J  E  O  Y  U  B  F  Ọ
K  O  À  D  É  H  Ù  N  E  R  I  A  I  C
```

OLOGBON	AJEJI
AMBASSADOR	ÌJỌBA
IPOLONGO	ENIYAN
AWUJO	ODODO
IJA	EDE
IFOWOSOWOPO	OSELU
DIPLOMATIC	AABO
IFỌRỌWỌRỌWỌRỌ	OJUTU
AṢOJU	ÀDÉHÙN
IWA	

78 - Beach

```
Ọ O O W W O O U H N U K O Z
K A R T C H G G A I Q L J A
Ọ V K Í S G O W U R C W F J
R H E A L E W O T N L G F F
Ọ A F A N Ẹ Z G F A I K I Z
Ọ G R X I H ` B T Y R F D Z
K O T X R K M È E I E V A L
Ọ S I M N I S I D A A S X U
R T X D U B Y Z W È F J S E
Ọ R H E K U A G B O O R U N
O E Q K O L O A Ò K Ú N O T
K E L X U U L A G O O N S M
G F U G T W U D Q J G D U M
R E G B E E K U N K U K N Z
```

BULU	ỌKỌRỌ ỌKỌRỌ
OKUNRIN	IYANRIN
EGBE EKUN	OGUN IFA
AKAN	OKUN
ORÍLẸ̀-ÈDÈ	SUN
LAGOON	TOWEL
ÒKÚN	AGBOORUN
REEF	ISINMI

79 - Countries #1

```
J B Q T E X I N F K N I J P
T Ẹ R W K K S I I A O R Y O
E A M Y A C R C N N R A S L
Q F U Á H C A A L A W Q O A
V B J H N X E R A D A H C N
V X B R D Ì L A N A Y A C D
E B R A Z I L G D G F T O B
N J Q W H Q V U Q S V J R G
E O H E A R G A I N A M O R
Z D O L A T V I A I Z B M Y
U C Q G P A N A M A Y B I L
E V I E T N A M T P Y G E A
L A G E N E S U D S W A G T
A Q E G J A U I R A O W I I
```

BRAZIL	MOROCCO
KANADA	NICARAGUA
EGYPT	NORWAY
FINLAND	PANAMA
JEMÁNÌ	POLAND
IRAQ	ROMANIA
ISRAEL	SENEGAL
ITALY	SPAIN
LATVIA	VENEZUELA
LIBYA	VIETNAM

80 - Adjectives #1

```
O I Z B E Z Q F L E L J I U
J Ṣ N Q B Ü H W E U Y W Z W
U Ẹ Ì A F B D A T G M A D F
M Ọ Y R Y G C I F J W K W Y
O N Ò Ọ N A A R O M A T I C
W A I L L B F V W O E W Q I
O U H O A G W I O P O R E T
L R D T T I V A L A O T A O
O K U N K U N L N T U K O X
H O R F G J O A A A H Q E E
L F E U A U Y Y R K N I W U
B T X G F J W O I I Y J Z S
Z F T Y J O T I N R I N L Y
X U Q Z Q V L D J K A U V T
```

OJUMO	ERU
OJU-JU	IRANLOWO
AROMATIC	OOTO
IṢẸ ỌNA	NLA
IFAYANI	IGBAGBÜ
EWA	PATAKI
OKUNKUN	ÒYÌN
EXOTIC	O LỌRA
OLOWO	TINRIN
ALAYO	NIWU

81 - Rainforest

```
R  T  A  Ò  K  Ò  R  Ì  N  O  G  J  V  M
M  L  Q  O  B  I  J  H  H  J  Z  H  Ọ  L
L  A  C  I  N  A  T  O  B  E  U  C  `  Q
J  S  Q  Z  O  W  J  H  E  A  U  I  W  O
J  J  S  U  Q  U  J  O  T  I  B  Q  Ọ  R
A  S  V  O  A  J  F  I  Y  Y  M  O  `  I
I  U  R  N  M  O  N  J  G  I  E  H  K  S
A  M  B  Í  S  O  J  I  O  B  A  S  A  I
W  Z  X  L  O  F  X  G  W  O  A  I  L  R
U  K  A  Ẹ  C  Q  E  F  U  U  G  L  M  I
R  L  D  `  I  P  A  D  A  D  A  R  A  S
E  O  E  Y  E  F  E  F  A  V  W  L  Q  I
T  U  T  Ì  O  L  O  G  B  O  N  V  Q  W
X  Q  W  N  T  R  S  U  V  T  D  L  O  A
```

EYE	MOSS
EBOTANICAL	EDA
AFEFE	ITOJU
AWURE	ASABO
AWUJO	ÒWỌ̀
ORISIRISI	IPADADA
ONÍLẸ̀YÌN	IGBALA
ÒKÒRÌN	NIWU
OLOGBON	

82 - Landscapes

```
Z J H B S G E Y S E R I O V
G Z F H W X R R O E S F X U
Z D G U A Z E T O O K U N E
D C F K M O I I C E B E R G
Ò K Ú N P E K M E Z O K D D
K Z X È I K Ú J O S Q S S Ò
T U N D R A N T O A S I S K
G F U È A L U S N I N E P È
L W K ` Ẹ L Á Ṣ A Ú O D O S
A J O Ẹ Ò K E R C R K E O M
C C L L E T Q F L J W Í G M
I Q F Í Y V D F O U I U R H
E J S R O U C Q V V K B M O
R Q U O I R R X M G T W I L
```

ETO-OKUN	OASIS
IKÚN	ÒKÚN
AṢÁLẸ̀	PENINSULA
GEYSER	ODO
GLACIER	OKUN
ÒKÈ	SWAMP
ICEBERG	TUNDRA
ORÍLẸ̀-ÈDÈ	ORÍKÚN
LAKE	VOLCANO
ÒKE	OMI

83 - Plants

```
D C F X Y I W Y C V E T V B
F A J K A Q C M X S U V L I
G C W V B C J A À B G Ọ Q R
B T Z M I V U X X E W E B S
Ò U R E Z I L I T R E F A D
N S E T I W K Q L R F C M A
G B U S H G Q G D Y F T B G
B I Q E J Q I X Q V V V O B
Ò Y G R F O D O D I L O O A
E I Z B L W D M P E T A L S
W O O S O K S O K I R O K O
A R O L F D L S D E G V W K
I I I U X J V S G Ò J B S E
L X X J Q L L C U L D O K G
```

BAMBOO	ỌGBÀ
EWA	KORIKO
BERRY	DAGBASOKE
IDODO	IVY
BUSH	MOSS
CACTUS	PETAL
FERTILIZER	GBÒNGBÒ
FLORA	STEM
ÒDODO	IGI
IGBO	EWE

84 - Boxing

```
A  I  J  I  T  A  I  U  E  A  F  Q  D  C
G  D  E  X  Z  R  U  G  X  G  I  Q  T  H
B  O  N  O  I  A  W  E  B  W  S  I  F  I
A  J  I  G  U  N  O  S  C  A  T  I  A  N
R  U  F  U  J  H  X  T  M  Y  L  M  L  I
A  K  O  J  E  O  L  L  E  B  R  A  A  V
N  Ọ  L  G  M  L  K  Q  M  G  C  U  T  A
O  W  O  E  E  U  G  F  V  B  C  J  A  D
B  J  C  M  N  J  D  X  O  H  B  O  K  W
G  V  O  G  L  A  D  L  D  D  Q  G  I  F
O  R  Ú  M  Ù  N  S  J  Y  O  E  T  V  K
L  R  W  E  T  Ú  E  O  B  G  A  B  G  I
O  M  J  I  X  F  Q  W  W  A  U  I  T  Q
B  X  R  D  D  J  H  I  G  I  I  Y  S  U
```

BELLO	IWOSAN
ARA	FÚN
CHIN	ALATAKI
IGUN	OJUAMI
IGBALA	IGBAGBO
ORÚMÙN	OLOFIN
OLUJA	OLOGBON
FIST	AGBARA
IDOJUKỌ	

85 - Countries #2

```
U D J A M A I C A S S H J C
G L E T L W L A L B A N I A
A M C N M U T É J L A V D T
N K E A M L R U B H A I T I
D U E D L A P E N Á X B L H
A D R U A I R E G I N W K S
V N G S O J B K K A A Ì F Í
V A L A O S E E H A P M N R
E T H I O P I A R B A A I I
F S M E C G X Y D I J U E A
G I Z W I L F A I W A S I L
M K S W X R U S S I A Q K D
V A W C E S O M A L I A A J
S P H Y M S L U K R A I N E
```

ALBANIA
DENMARK
ETHIOPIA
GREECE
HAITI
JAMAICA
JAPAN
LAOS
LÉBÁNÌN
LIBERIA

MEXICO
NEPAL
NIGERIA
PAKISTAN
RUSSIA
SOMALIA
SUDAN
SÍRIA
UGANDA
UKRAINE

86 - Adjectives #2

```
F  J  E  O  D  O  R  U  N  U  B  E  T  M
I  H  W  L  V  W  D  A  R  A  R  C  U  C
J  O  G  A  E  F  S  Z  D  V  G  G  B  E
A  D  E  I  P  S  L  A  G  B  A  R  A  M
N  U  T  I  T  N  E  F  S  O  K  X  U  U
O  L  O  K  I  K  I  V  A  O  Q  U  Q  M
B  V  B  A  J  S  R  B  P  J  D  G  G  I
G  E  G  M  K  F  I  E  E  X  U  O  G  G
J  K  I  A  E  E  H  Q  J  O  R  F  D  R
A  W  U  R  E  W  I  V  U  J  S  D  X  O
E  I  F  S  Q  V  L  A  W  I  L  É  J  X
O  J  I  S  E  I  E  T  E  X  O  Z  R  Z
F  H  L  Y  B  A  R  A  B  G  A  A  F  A
T  X  W  X  X  M  A  D  E  L  E  B  K  W
```

ODODO	AWURE
ELEDA	EDA
APEJUWE	TITUN
GGBE	ELESE
DARA	AGBARA
OLOKIKI	OJISE
EBUN	ILÉ
ILERA	ORUN
GBONA	LAGBARA
EBI N PA	IGBO

87 - Psychology

```
Ì  F  T  W  I  A  J  B  W  K  D  À  A  O
U  R  L  S  W  M  B  E  E  E  Ì  L  E  M
B  D  Á  G  U  G  B  O  G  E  Y  Á  Y  O
A  G  V  N  I  J  A  T  V  O  À  A  V  D
A  W  U  U  T  G  W  I  A  R  N  P  L  E
E  A  G  H  V  Í  X  T  E  I  W  A  I  A
F  R  E  O  X  M  O  O  M  K  Ò  P  S  R
I  O  O  R  Q  X  H  X  S  I  R  A  Ẹ  O
W  G  L  O  E  N  I  Y  A  N  È  R  G  M
A  F  Q  S  E  U  X  M  O  F  M  A  U  I
H  C  W  I  M  Z  T  Z  B  R  A  J  N  J
K  A  L  B  Q  H  I  S  H  H  A  Y  A  U
I  G  B  E  L  E  W  Ọ  N  C  B  C  S  H
A  L  Á  Ì  R  À  N  D  V  Z  M  V  E  V
```

ÌYÀNWÒ	ÈRÒ
IGBELEWỌN	ORIKI
IWA	ENIYAN
OMODE	ISORO
ISẸGUN	OTITO
OHUN	ÌRÁNTÍ
IJA	ALAYE
ÀLÁ	ARAPAPA
EGO	ERO
IMORA	ALÁÌRÀN

88 - Math

```
A J Y R T E M I S K K Y A D
P I D X E K Q H H J C O O X
A O H C I T E M H T I R A I
R M X O O A A D E C I M A L
A E M P A Y T N E N O P X E
L T Y O J I E I G G O U A L
L I T L J K M P T L E G G L
E R T Y U A G I U E E B B A
L I E G A N G L E T B R E R
O K W O E Q U A T I O N G A
G A T N F L A J A T I C B P
R E T E M A I D B I Q R E X
A R E I T V P Ẹ R Ẹ B B M W
M O D H X F W F Y H B Z T L
```

ANGLE
ARITHMETIC
AYIKA
DECIMAL
DIAMETER
EQUATION
EXPONENT
IPIN
JIOMETIRIKA

PARALLELI
PARALLELOGRAM
AGBEGBE
PẸRẸ
POLYGON
RETANGLE
SIMETRY
META

89 - Water

```
C I N O I T A R O P A V E Z
O D F B R O X D R V H F S Y
U L V G R V K L D W I X D X
Z Y Y I I W S Y J I W H C Y
N J I X G K I O Z I W Ọ R Ọ
O M N I A Y B M K J G A Z R
O I Y L T D X I N I R Ọ R Ọ
S L I F I T U I Ò J Ò R Ò R
N T N X O R E S Y E G K F Ọ
O S E L N B E B A G L F Ú U
M O R A W B O S V L U A G N
I R B N M K M T J K B Z K X
R F F A X H Q W V Z Z Y E E
U F J C L X Z X J O D O F D
```

CANAL
EVAPORATION
OMI
FROST
GEYSER
ỌRỌRỌ
EJIJI
YINYIN
IRRIGATION
LAKE

ỌRỌRIN
MONSOON
ÒKÚN
ÒJÒ
ODO
IWỌRỌ
ÒRÒ
STEAM
IGBO

90 - Activities

```
S  R  I  R  Q  G  M  H  I  G  E  T  T  U
T  Z  B  R  W  D  I  K  I  Ṣ  D  Z  S  T
Z  F  K  W  J  X  D  J  D  K  Ẹ  F  Y  M
A  I  E  F  E  F  A  B  G  Ọ  I  L  J  X
F  W  A  B  O  S  N  A  R  A  B  N  I  G
A  Z  Y  C  B  V  U  W  K  Q  X  I  G  I
W  O  C  B  G  D  W  E  À  F  Z  A  L  R
O  L  E  I  A  O  I  R  G  D  B  J  V  X
R  O  T  R  B  A  J  E  B  D  G  L  T  O
A  G  D  U  G  B  Ó  D  À  T  Y  E  U  T
N  B  A  A  I  F  F  O  I  S  I  N  M  I
T  O  W  V  H  I  M  T  X  I  M  G  A  K
U  N  D  G  D  W  Q  D  A  I  X  Q  X  J
G  I  H  E  M  M  J  L  S  W  T  U  D  U
```

IṢẸ	ODE
AWORAN	AFEFE
ÀGBÀ	IDAN
IJÓ	IGBAGBO
EJA	KA
ERE	ISINMI
ỌGBA	ARANSO
HIKING	OLOGBON

91 - Business

```
I  Y  U  S  K  S  E  H  K  A  N  U  S  I
U  G  G  X  Z  U  Y  T  Z  G  U  O  S  C
M  X  D  F  J  K  O  D  R  B  C  V  G  H
Y  R  R  E  Q  U  N  X  C  A  W  M  G  A
S  E  I  A  A  R  U  D  A  N  U  D  I  V
H  W  O  R  K  O  W  O  D  I  K  Y  S  G
R  X  W  A  I  A  À  J  Ọ  S  Ì  F  Q  Q
B  E  K  B  R  C  T  E  C  I  F  F  O  O
Y  S  X  G  Ọ  B  G  C  L  Ṣ  I  A  F  I
T  I  T  A  J  O  J  D  ´  Ẹ  Ṣ  I  E  L
H  S  I  L  A  A  Ṣ  E  F  T  J  L  R  E
O  O  O  A  S  J  Ì  I  W  K  Y  O  E  I
U  W  H  W  Q  E  D  Q  Ṣ  Y  S  Q  U  Ṣ
L  W  O  O  W  O  O  R  I  Ẹ  J  C  W  Ẹ
```

OGA	ALAGBARA
ISUNA	ỌJA
IṢẸ́	OFFICE
OWO	ERE
EYONU	TITA
AJE	ÌSỌJÀ
OṢIṢẸ	OSISE
AGBANISIṢẸ	OWO-ORI
ILE-IṢẸ	IDUNADURA
IDOWO	

92 - The Company

```
O W H Z I F O W O D I R R T
Q A Q B K J Z L I Y I D I L
I G B E J A D E O K U R O G
A A R G G O I M W D J R U K
R G T V W B C P R I O G A Q
D A R A D E L E I X W D F Q
W X U E O S E S E N Y Ọ O L
I L Ọ S I W A J U I N R L J
L M Ẹ I F L O E F Ṣ O U O E
K G R E D A W I G Ẹ M Q W Y
A L U S X C J O S ´ F L O A
E W U I Ọ J A O U J H B J B
U F C D K S D H L Z D G F G
I L Y W T V F G Ẹ R Ẹ B G A
```

OWO
ELEDA
IPINNU
IṢẸ́
AGBAYE
ISE-ISE
OLODODO
IDOWO
OSESE

IGBEJADE
ỌJA
AGBẸRẸ
ILỌSIWAJU
DARA
ORUKO
WIWỌLE
EWU

93 - Literature

```
A R A G R Y E J U N A B I F
Ì K Í R O H Y T M V P J L S
O D O X N I Y O R I E W I F
I A L R O S A T G R J A S I
K N Ú K I F À M H Z U N L G
A O R I K I U S L M W E G B
D R Y H G V J V K E E C O A
I E M Y H R K W W G V D F G
Z A M J K Ì T Í T Ó L O H B
O H U N T I N L E K A T N Ü
R D C A Z T Z S L X T E V Y
I F Ọ R Ọ W Ọ R Ọ W Ọ R Ọ A
M Q U I E S F A U R S U E W
M T V H R R D L H Z Y B D G
```

OHUN TINLE	OLÓTÍTÌ
ANECDOTE	NOVEL
IGBAGBÜ	ERO
FIWE	ORIKI
IKADI	ORÍKÌ
APEJUWE	RHYME
IFỌRỌWỌRỌWỌRỌ	RHYTHM
IROYIN	ARA
IRAN	AKORI
ÀFIKÚN	IBANUJE

94 - Geography

```
R W D W Y E Ò H T U O S H O
U I F B H M Y K A E R M J R
H L E Y Q L M I Ú Z I T M Í
M E R I D I A N A N L A Q L
Ì W Ọ ` O R U N G U E K Ò Ẹ
E G M V Y H R U B K E Y A `
V O K L H Z W Y A O D O U È
U W S I M T E X R K E J T D
À G F M S F B J A L B Y Z È
Ì R E Y A B G A J I G Y D U
B L I U L H E D U T I T A L
R F Ú W T Q H Z Z C B S S Q
B Q Z P A M R H H R G F S G
H E M I S P H E R E Y Q B I
```

AGBARA	MERIDIAN
ATLAS	ÒKE
ÌLÚ	ÀRIWA
AGBAYE	ÒKÚN
ORILE-EDE	EGBE
GBIGBE	ODO
HEMISPHERE	OKUN
ORÍLẸ̀-ÈDÈ	SOUTH
LATITUDE	ÌWỌ ORUN
MAP	AYE

95 - Pets

```
H G E V Q O K O M I C I B J
V A B G A U L A M K M V Q E
O J M M J N Q A M K O L A T
D E G S A J M F M G K L Y M
N H U D T E R U W E B L B W
E H R Y D E T U R T L E C Z
T H M E Q K R P A R O T A T
T M O B G O N U G O F R U L
Í J S R F A D R A Z I L R A
K H C L O F G I D W X J H Z
J G D R A S V J W K R Z W F
R V T F E F J S R Q R R D A
A D K Y T K W W E E S K E V
N L A F T T U L R J W V T D
```

NLA	LIZARD
KOLA	EKU
MALU	PAROT
AJA	AGBA
EJA	EHORO
OUNJE	IRU
EWURE	TURTLE
HAMSTER	OGUN OGBO
KÍTTEN	OMI

96 - Jazz

```
R  H  Y  T  H  M  G  G  E  O  O  E  O  Y
U  Y  G  Y  B  O  C  J  T  I  R  U  N  L
X  L  H  E  S  L  G  F  Q  A  C  Q  Í  G
D  F  A  Ì  O  D  T  M  Y  H  T  K  F
H  Ó  L  G  L  K  S  Y  V  A  E  A  Ú  A
S  Ò  B  I  Ú  I  T  Q  O  N  S  L  N  K
Z  B  U  R  J  K  U  I  E  F  T  E  T  Z
E  G  M  A  D  I  Q  B  T̨  E  R  N  E  Q
O  Ó  I  N  I  P  Ì  O  F  U  A  T  A  D
B  L  O  R  I  N  I  E  U  A  N  A  L  I
B  Ó  O  A  I  X  W  V  R  D  B  R  X  K
C  B  E  R  U  W  A  A  D  E  O  A  L  H
E  G  Z  L  I  S  A  R  A  D  U  M  I  U
S  Ò  I  Z  U  N  U  K  U  N  N  I  T  R
```

ALBUM	IRAN
ÌPIN	IMUDARASI
OLORIN	TITUN
ONÍKÚN	ÒGBÓLÓGBÒÓ
AWURE	ORCHESTRA
ERE	RHYTHM
ÌLÚ	ORIN
TINNUKUNU	ARA
OLOKIKI	TALENT
AYANFẸ	ILANA

97 - Nature

```
Ì  H  M  J  E  T  L  A  C  I  P  O  R  T
G  D  T  N  I  Y  O  D  O  G  D  K  E  C
T  F  Á  À  R  F  B  W  A  B  L  N  I  D
B  O  A  Y  H  M  G  V  I  A  B  A  C  Y
I  G  Z  Ì  É  I  I  M  W  G  U  R  A  D
A  O  T  J  A  A  E  A  U  B  I  Ẹ  L  Q
E  B  A  Ì  F  C  Q  I  R  Ü  K  W  G  A
Y  S  K  L  J  W  X  F  Y  C  A  H  E  U
S  Q  G  K  E  F  A  A  V  G  T  O  V  H
J  C  M  M  R  `  Ẹ  L  Á  Ṣ  A  I  U  C
U  U  D  F  M  E  Z  A  V  E  P  Z  C  L
S  L  G  J  O  V  S  O  G  I  E  Ẹ  G  V
A  W  U  R  E  N  E  R  E  S  W  C  W  U
Y  F  B  W  B  B  O  V  S  H  E  V  O  A
```

ẸRANKO	EWE
ARCTIC	IGBO
ẸWA	GLACIER
OYIN	ALAFIA
AWURE	ODO
AṢÁLẸ̀	IGBAGBÜ
ÌDÁYÉ	SERENE
ÌJÌYÀN	TROPICAL
FOG	PATAKI

98 - Championship

```
O I D A R A Y A N A L I E I
G L F I N A L I S T I J A M
E R O H W L S O Z E H Ṣ S O
J Y M G Q Q D L J G S C Ẹ R
E Y O E B H O U Z B M Z S A
S W Z N E O S K I E R E Y N
A A I K U C N Ọ G À B Z Z Y
T R D G G C Y N C D H S Q Z
K C I K A A E I Y A H K Q M
M I J Z E V Z X Z R X D Z H
K R E F L X Q I D A J O W R
E V J I J V D Y S F V M F O
D Q D C T C G H Z Ì J F K G
I S E G U N J I B Z H A M R
```

OLOGBON	EYONU
ASEJE	IMORAN
OLUKỌNI	IṢẸ
ÌFARADÀ	IDARAYA
FINALIST	ILANA
ERE	EGBE
IDAJO	IDIJE
LEAGUE	ISEGUN

99 - Vacation #2

```
O  R  Í  L  Ẹ̀  È  D  È  O  F  Z  U  Z
X  E  U  F  Ú  R  U  F  O  O  K  O  S  E
G  F  K  Z  F  H  M  Q  T  I  W  U  Z  T
F  E  J  K  D  O  J  A  N  I  R  I  N  O
Y  F  M  A  I  T  Ọ  K  Ọ  I  R  I  N  O
T  A  X  I  J  E  J  A  S  I  V  J  C  K
P  K  E  ´  Ọ  L  N  À  Y  Ì  R  L  T  U
A  A  Y  Ọ  Z  W  M  O  B  G  O  D  H  N
S  W  M  G  T  Y  S  R  I  G  B  A  N  A
S  C  H  À  M  F  F  Y  M  U  À  L  X  K
P  M  F  U  J  J  F  Z  N  A  S  L  D  G
O  H  U  T  T  B  T  G  I  R  X  D  B  X
R  B  T  E  K  D  G  S  S  Q  G  T  V  Z
T  C  B  S  X  H  O  O  I  W  D  A  I  O
```

OKO OFURUFU	AFEFE
ETO-OKUN	MAP
ÀGBÀ	PASSPORT
ÌYÀNLỌ́	OKUN
AJEJI	TAXI
ISINMI	ÀGỌ́
HOTEL	ỌKỌ-IRIN
ORÍLẸ̀-ÈDÈ	IGBANA
IRIN AJO	VISA

100 - Electricity

```
E  L  I  O  O  W  Z  M  D  M  H  M  V  S
C  L  E  P  Z  U  A  L  A  E  L  B  A  Z
I  O  E  O  R  F  S  I  Ì  G  Z  Z  I  L
G  I  R  C  O  H  B  M  P  A  N  Ọ  R  Ẹ
Q  M  X  S  T  U  O  Y  A  T  U  E  I  O
S  D  M  D  A  R  C  B  M  U  H  H  T  D
R  C  X  U  R  E  I  V  Ọ  P  O  A  A  I
S  E  Z  V  E  S  R  C  ´  A  I  L  B  U
D  W  Z  O  N  A  T  O  I  C  A  B  L  E
Z  S  S  O  E  L  C  F  Y  A  L  J  C  J
C  F  W  U  G  E  E  O  T  Q  N  M  K  Z
W  O  V  C  G  Q  L  O  C  R  M  Q  K  B
K  M  V  S  A  H  E  N  E  Z  M  I  V  C
W  M  T  W  Y  S  G  U  J  R  E  R  E  E
```

BATIRI	MAGNET
CABLE	ODI
ELECTRIC	REZO
ELECTRICIAN	OHUN
ẸRỌ	RERE
GENERATOR	OPO
ATUPA	ÌPAMỌ́
LASER	FOONU

1 - Antiques

2 - Food #1

3 - Measurements

4 - Farm #2

5 - Books

6 - Meditation

7 - Days and Months

8 - Energy

9 - Chess

10 - Archeology

11 - Food #2

12 - Chemistry

13 - Music

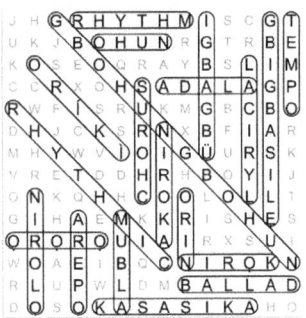

14 - Family

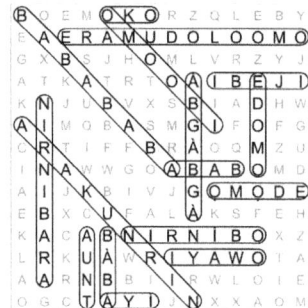

15 - Farm #1

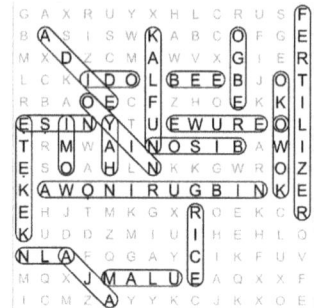

16 - Camping

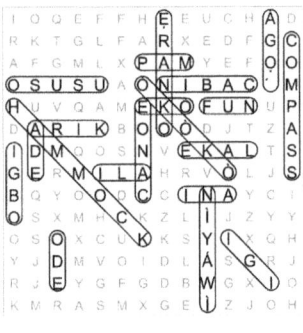

17 - Algebra

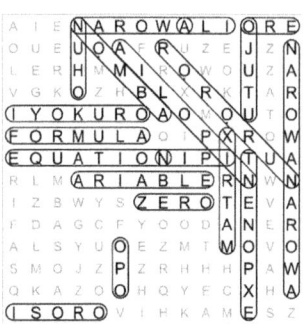

18 - Numbers

19 - Spices

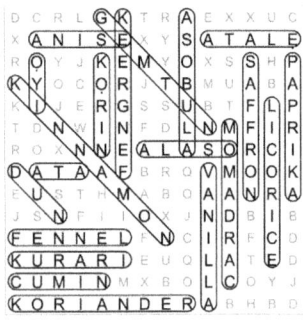

20 - Universe

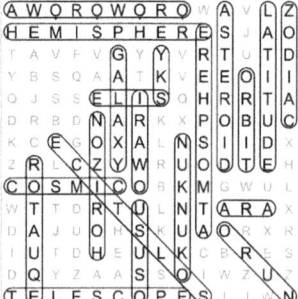

21 - Mammals

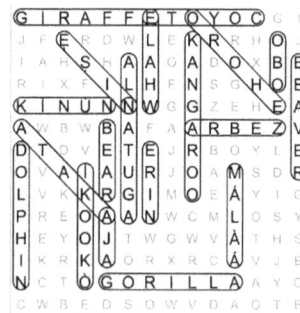

22 - Fishing

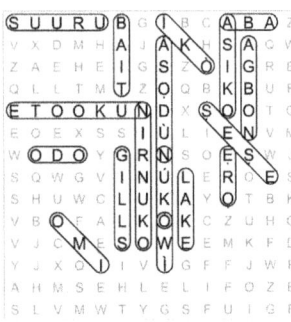

23 - Bees

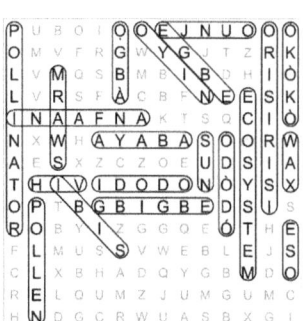

24 - Photography

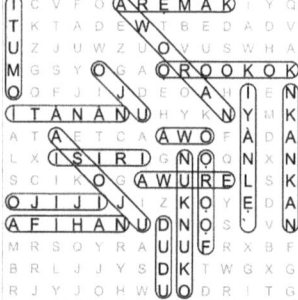

25 - Weather

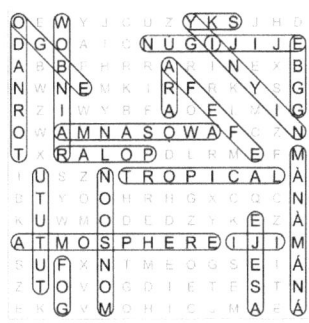

26 - Adventure

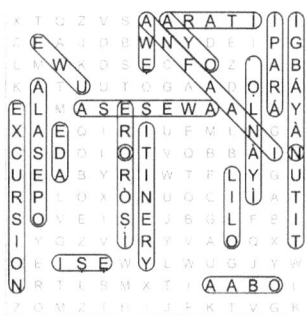

27 - Circus

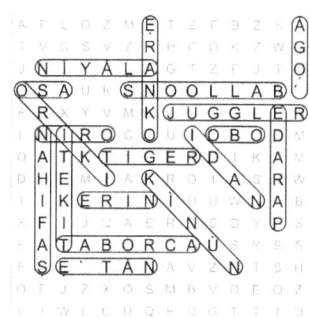

28 - Restaurant #2

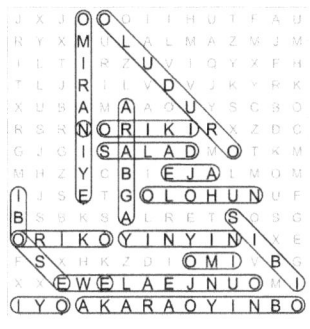

29 - Geology

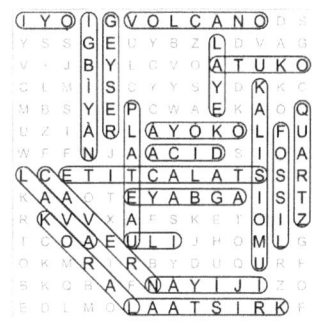

30 - House

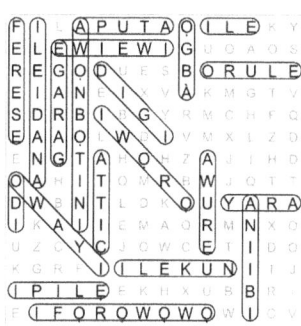

31 - Physics

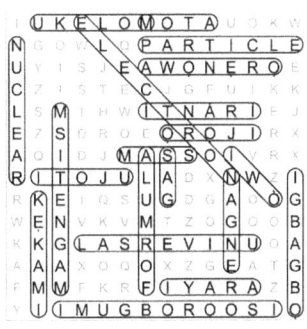

32 - Bathroom

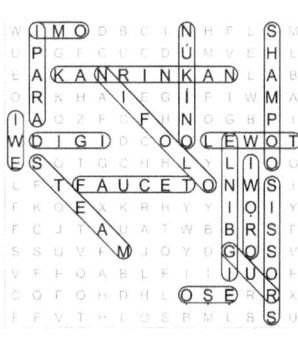

33 - Dance

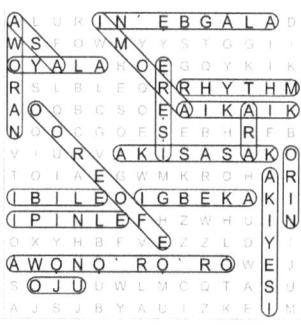

34 - Shapes

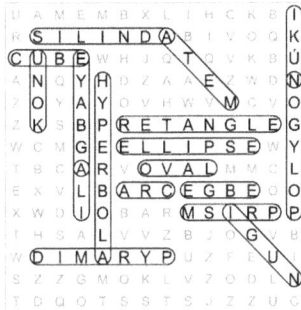

35 - Scientific Disciplines

36 - Science

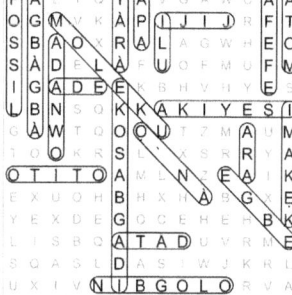

37 - Beauty

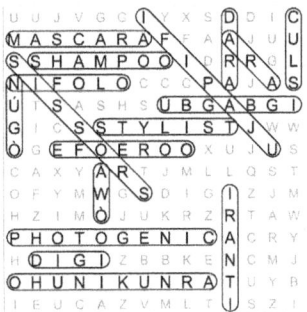

38 - Clothes

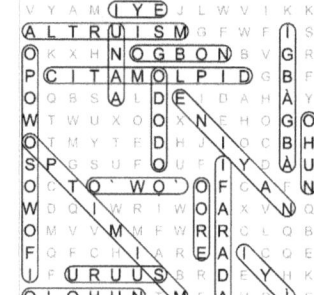

39 - Ethics

40 - Insects

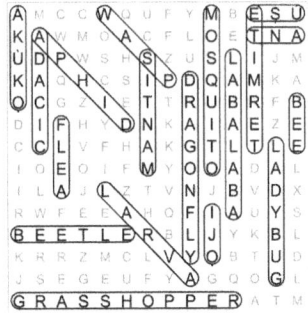

41 - Astronomy

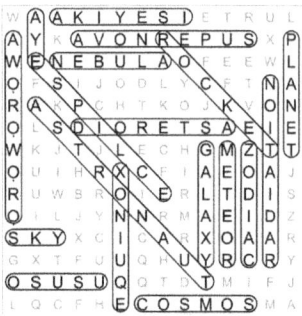

42 - Health and Wellness #2

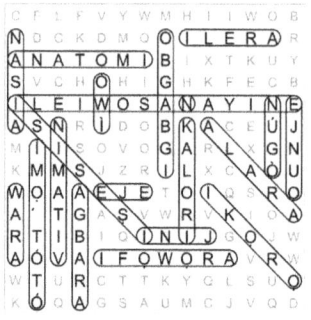

43 - Time

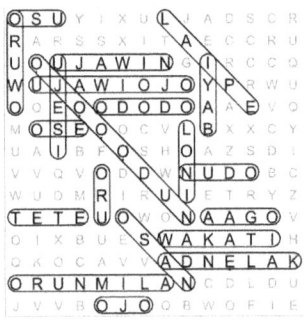

44 - Buildings

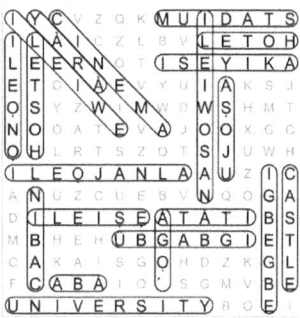

45 - Gardening

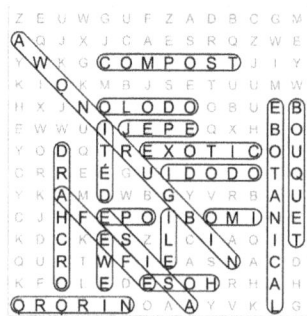

46 - Herbalism

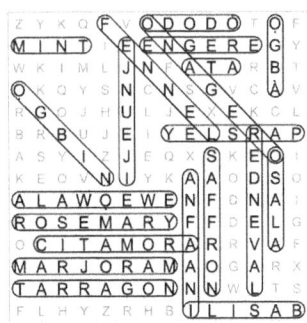

47 - Vehicles

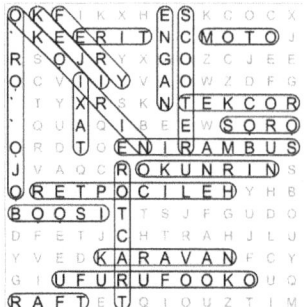

48 - Health and Wellness #1

49 - Town

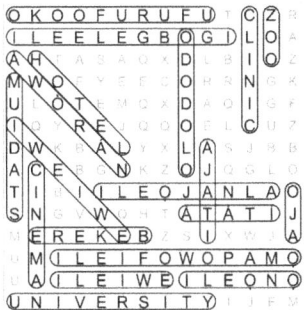

50 - Antarctica

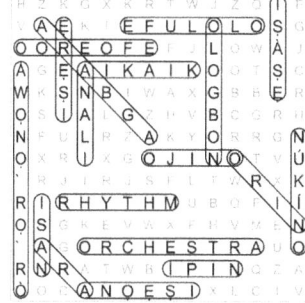

51 - Ballet

52 - Human Body

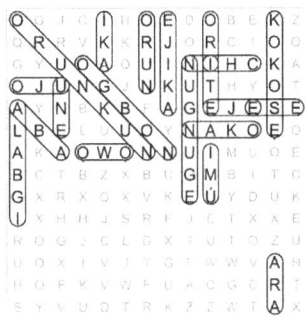

53 - Musical Instruments

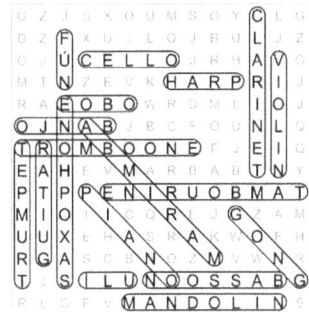

54 - Fruit

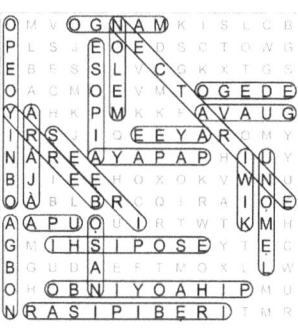

55 - Virtues #1

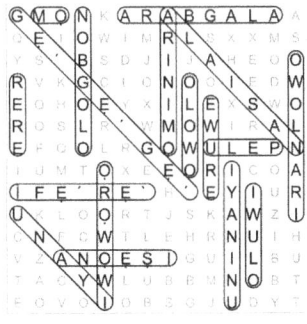

56 - Engineering

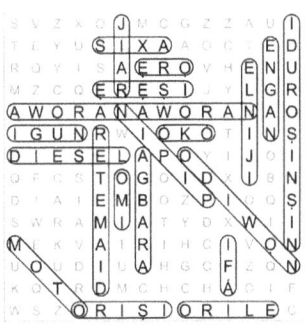

57 - Government

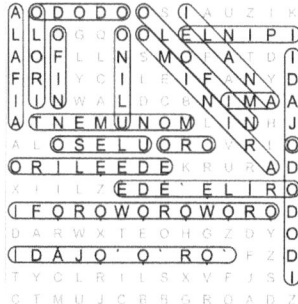

58 - Science Fiction

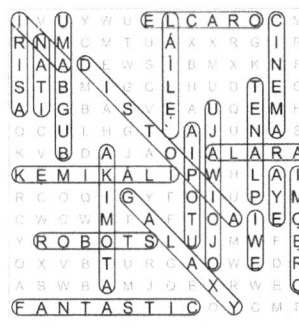

59 - Geometry

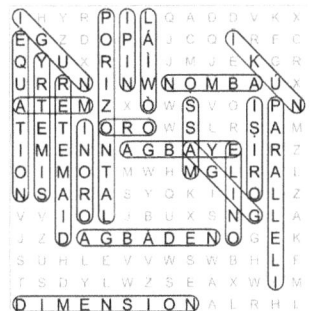

60 - Airplanes

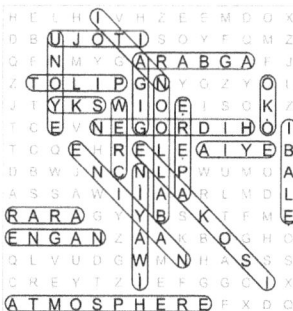

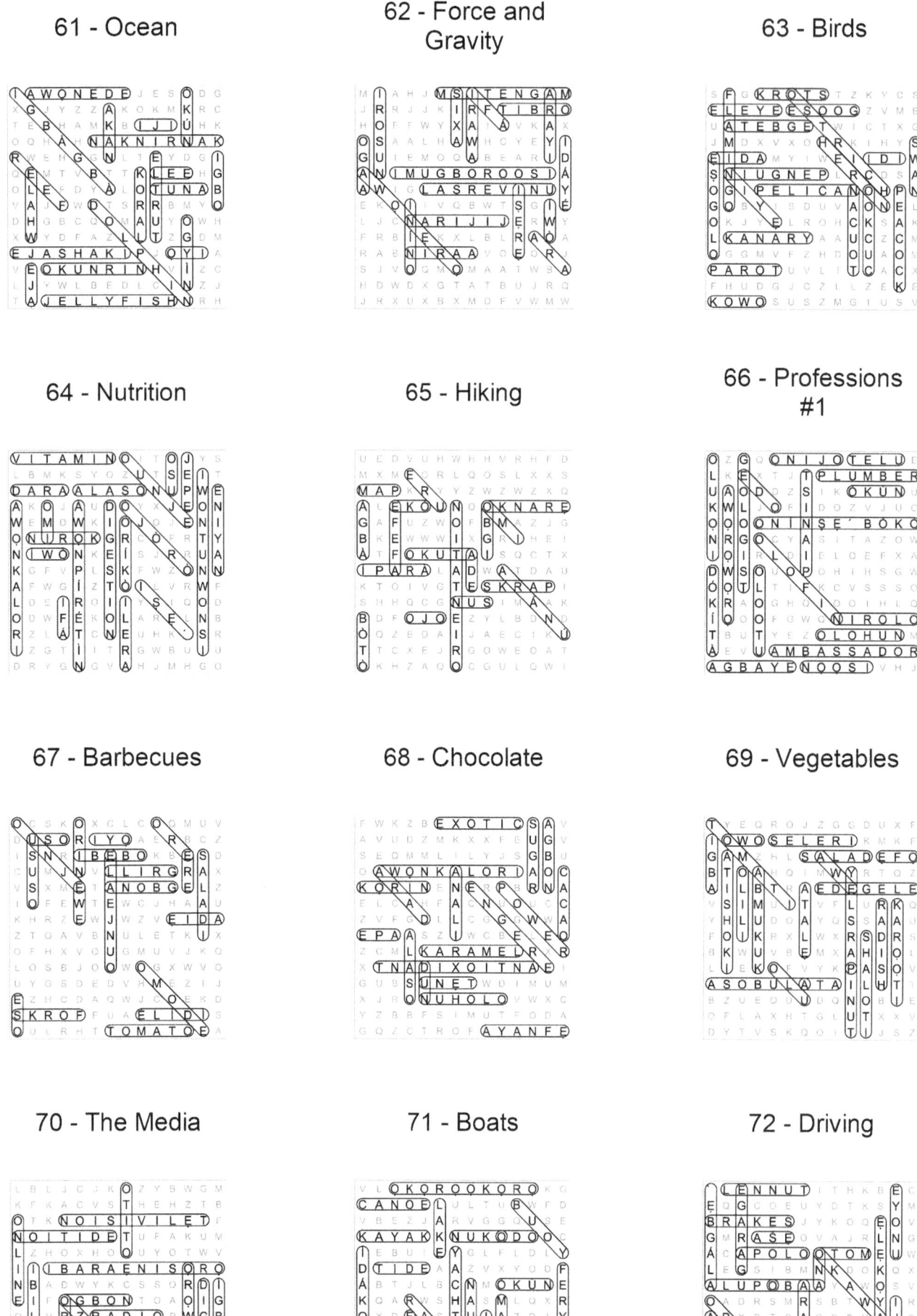

61 - Ocean

62 - Force and Gravity

63 - Birds

64 - Nutrition

65 - Hiking

66 - Professions #1

67 - Barbecues

68 - Chocolate

69 - Vegetables

70 - The Media

71 - Boats

72 - Driving

73 - Professions #2

74 - Mythology

75 - Hair Types

76 - Garden

77 - Diplomacy

78 - Beach

79 - Countries #1

80 - Adjectives #1

81 - Rainforest

82 - Landscapes

83 - Plants

84 - Boxing

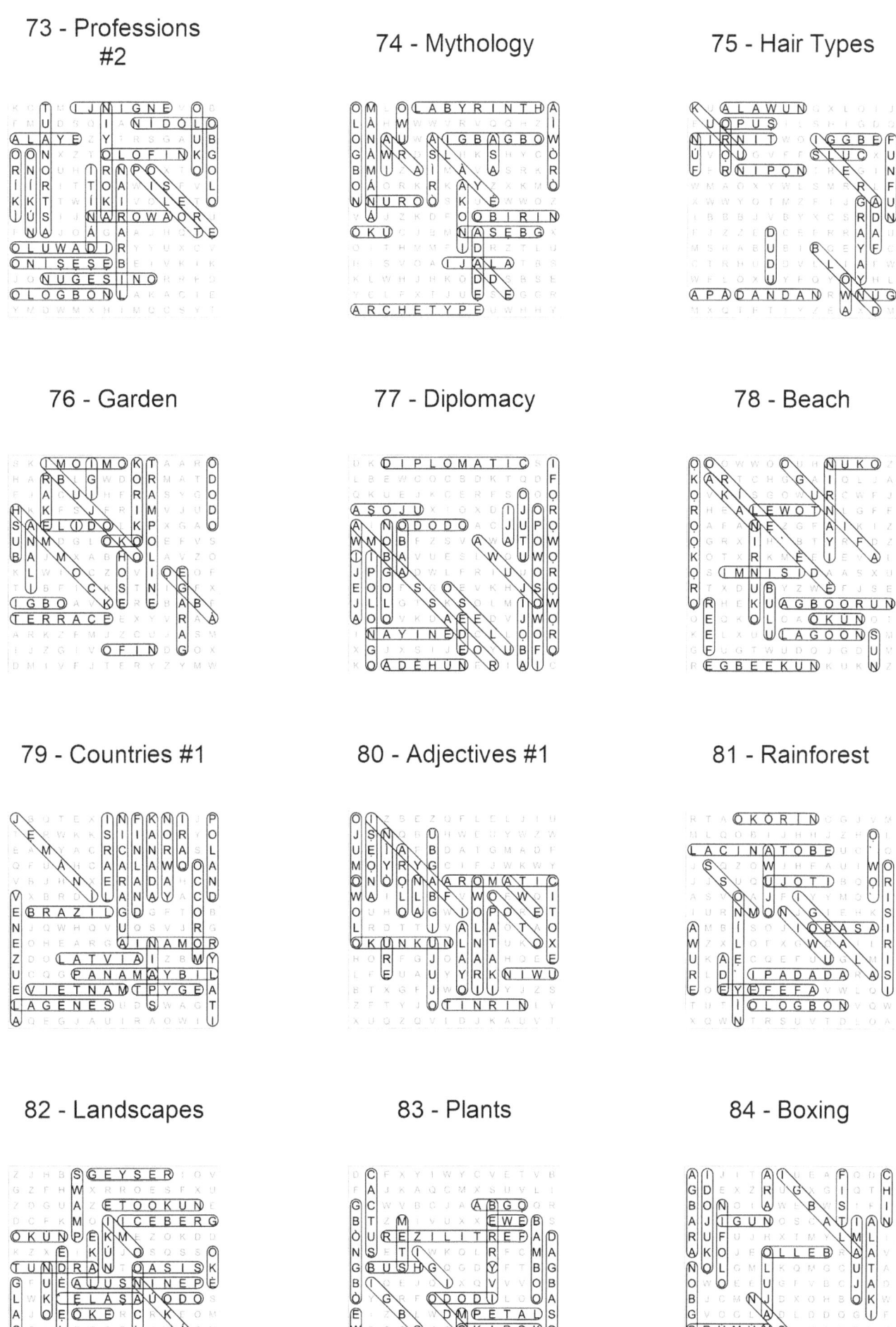

85 - Countries #2

86 - Adjectives #2

87 - Psychology

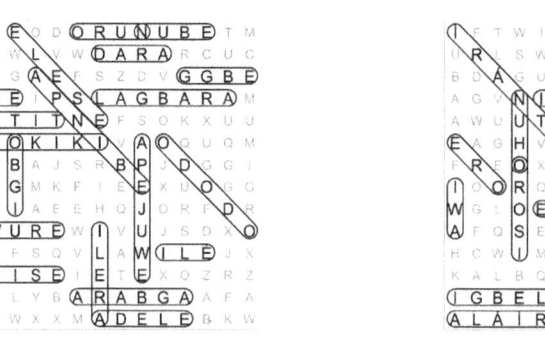

88 - Math

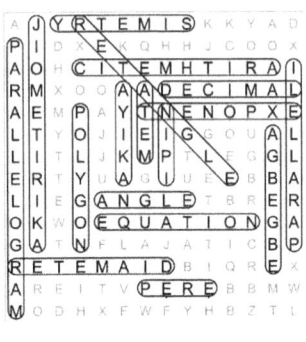

89 - Water

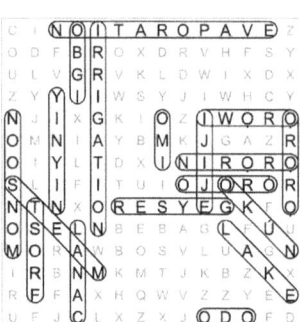

90 - Activities

91 - Business

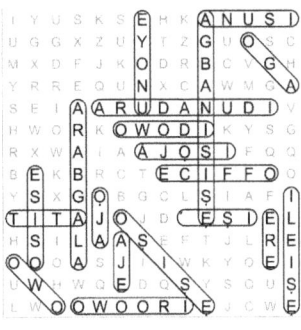

92 - The Company

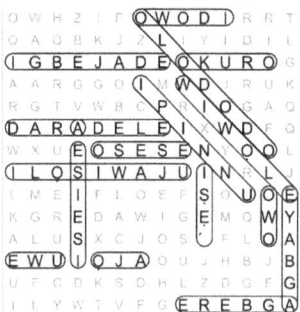

93 - Literature

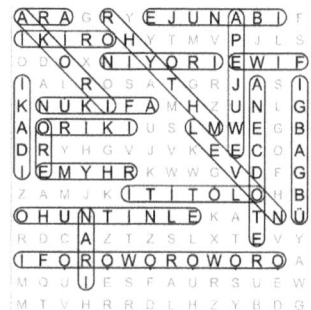

94 - Geography

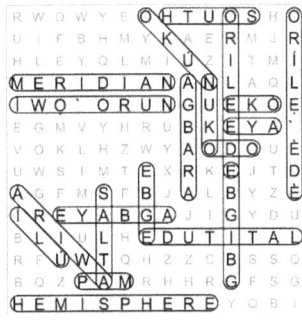

95 - Pets

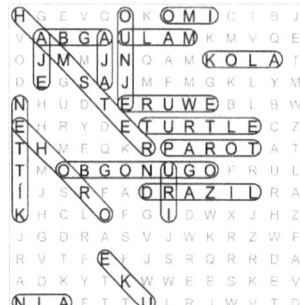

96 - Jazz

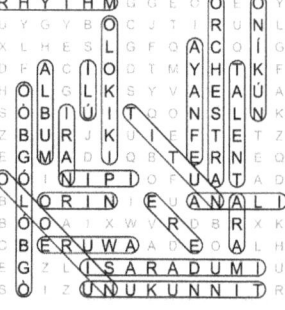

97 - Nature

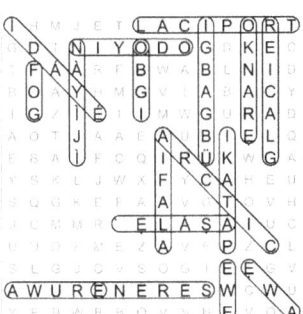

98 - Championship

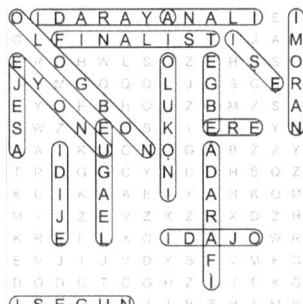

99 - Vacation #2

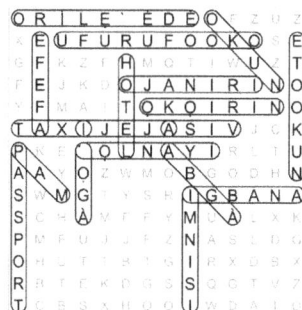

100 - Electricity

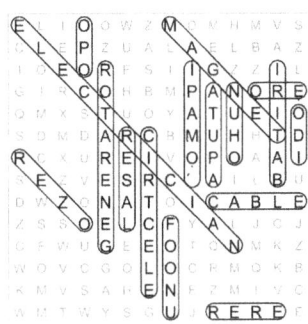

Dictionary

Activities
Awọn iṣẹ Ṣiṣe

Activity	Iṣẹ
Art	Aworan
Camping	Àgbà
Dancing	Ijó
Fishing	Eja
Games	Ere
Gardening	Ọgba
Hiking	Hiking
Hunting	Ode
Leisure	Afefe
Magic	Idan
Pleasure	Igbagbo
Reading	Ka
Relaxation	Isinmi
Sewing	Aranso
Skill	Ologbon

Adjectives #1
Adjectives #1

Absolute	Ojumo
Ambitious	Oju-Ju
Aromatic	Aromatic
Artistic	Iṣẹ Ọna
Attractive	Ifayani
Beautiful	Ewa
Dark	Okunkun
Exotic	Exotic
Generous	Olowo
Happy	Alayo
Heavy	Eru
Helpful	Iranlowo
Honest	Ooto
Huge	Nla
Identical	Igbagbü
Important	Pataki
Modern	Òyìn
Slow	O Lọra
Thin	Tinrin
Valuable	Niwu

Adjectives #2
Adjectives #2

Authentic	Ododo
Creative	Eleda
Descriptive	Apejuwe
Dry	Ggbe
Elegant	Dara
Famous	Olokiki
Gifted	Ebun
Healthy	Ilera
Hot	Gbona
Hungry	Ebi n Pa
Interesting	Awure
Natural	Eda
New	Titun
Productive	Elese
Proud	Agbara
Responsible	Ojise
Salty	Ilé
Sleepy	Orun
Strong	Lagbara
Wild	Igbo

Adventure
Ìrìn

Activity	Iṣẹ
Beauty	Ewa
Bravery	Ìgbáyàn
Chance	Asesewa
Dangerous	Ewu
Destination	Ìyànlọ́
Difficulty	Ìṣòro
Enthusiasm	Ìtara
Excursion	Excursion
Friends	Ore
Itinerary	Itinery
Joy	Ayo
Nature	Eda
Navigation	Lilo
New	Titun
Opportunity	Anfaani
Preparation	Ìpará
Safety	Aabo
Unusual	Alasepo

Airplanes
Awọn ọkọ Ofurufu

Adventure	Ìwáyìn
Air	Aiye
Altitude	Agbara
Atmosphere	Atmosphere
Balloon	Balloon
Construction	Òkò
Crew	Crew
Descent	Isọkale
Design	Apẹrẹ
Direction	Itoju
Engine	Engan
Fuel	Eyonu
Height	Giga
History	Itan
Hydrogen	Hidrogen
Landing	Ibalẹ
Passenger	Eniyan
Pilot	Pilot
Sky	Sky
Turbulence	Rara

Algebra
Aljebra

Diagram	Aworan Aworan
Equation	Equation
Exponent	Exponent
Factor	Ohun
False	Ero
Formula	Formula
Fraction	Ipin
Graph	Aworan
Infinite	Ailopin
Linear	Ila
Matrix	Matrix
Number	Nọmba
Problem	Isoro
Quantity	Opo
Simplify	Rọrọrun
Solution	Ojutu
Subtraction	Iyokuro
Variable	Ariable
Zero	Zero

Antarctica

Antarctica

Bay	Bay
Birds	Eye
Clouds	Awure
Conservation	Itoju
Continent	Agbaye
Environment	Ayika
Expedition	Irin Ajo
Geography	Aworo
Glaciers	Glaciers
Ice	Yinyin
Islands	Island
Migration	Iṣiṣipo
Minerals	Ilu
Peninsula	Peninsula
Researcher	Oluwadi
Rocky	Rocky
Scientific	Ologbon
Temperature	Igún
Topography	Akiyesi Topo
Water	Omi

Antiques

Antiques

Art	Aworan
Auction	Auction
Authentic	Ododo
Century	Orunmila
Coins	Owo
Decades	Owa
Decorative	Oṣo
Furniture	Iforowowo
Gallery	Àwòrán
Investment	Idowo
Jewelry	Igbagbü
Old	Ògbólógbòó
Price	Iye
Quality	Dara
Restoration	Ipadada
Sculpture	Ere
Style	Ara
Unusual	Alasepo

Archeology

Archaeology

Analysis	Ohun Tinle
Antiquity	Àgbáyé
Bones	Egungun
Civilization	Ojooro
Descendant	Desendanti
Era	Era
Evaluation	Igbeyewo
Expert	Ologbon
Forgotten	Agbagbe
Fossil	Fossil
Mystery	Asiri
Objects	Ohun
Relic	Relic
Researcher	Oluwadi
Team	Egbe
Temple	Templi
Tomb	Iboji
Unknown	Àìmọ̀
Years	Ọdun

Astronomy

Aworawo

Asteroid	Asteroid
Astronaut	Astronaut
Astronomer	Aworoworo
Constellation	Constellation
Cosmos	Cosmos
Earth	Aye
Eclipse	Eclipse
Equinox	Equinox
Galaxy	Galaxy
Meteor	Meteor
Moon	Osusu
Nebula	Nebula
Observatory	Akiyesi
Planet	Planet
Radiation	Radiation
Rocket	Rocket
Satellite	Saṭelaiti
Sky	Sky
Supernova	Supernova
Zodiac	Zodiac

Ballet

Ballet

Applause	Ìpin
Artistic	Iṣe Ọna
Audience	Ololufe
Choreography	Àwọn Orọ̀rò
Composer	Oníkún
Dancers	Onijo
Expressive	Kiakia
Gesture	Iṣerẹ
Graceful	Oore-Ofe
Intensity	Agbara
Muscles	Isan
Music	Orin
Orchestra	Orchestra
Practice	Ìṣàṣẹ
Rhythm	Rhythm
Skill	Ologbon
Style	Ara
Technique	Ilana

Barbecues

Barbecues

Chicken	Adiẹ
Children	Omode
Dinner	Ounje Ale
Family	Ìdílé
Food	Ounje
Forks	Forks
Friends	Ore
Fruit	Eso
Games	Ere
Grill	Grill
Hot	Gbona
Hunger	Ebi
Knives	Obe
Music	Orin
Salads	Saladi
Salt	Iyọ
Sauce	Osu
Summer	Osusu
Tomatoes	Tomato
Vegetables	Ewe

Bathroom
Yara Iwẹ

Bath	Iwe
Bubbles	Oníkún
Faucet	Faucet
Lotion	Ipara
Mirror	Digi
Perfume	Olofin
Rug	Rug
Scissors	Sissors
Shampoo	Shampoo
Shower	Iwọrọ
Soap	Ọṣẹ
Sponge	Kanrinkan
Steam	Steam
Toilet	Igbinle
Towel	Towel
Water	Omi

Beach
Okun

Blue	Bulu
Boat	Okunrin
Coast	Egbe Ekun
Crab	Akan
Island	Orílẹ̀-Èdè
Lagoon	Lagoon
Ocean	Òkún
Reef	Reef
Sailboat	Ọkọrọ Ọkọrọ
Sand	Iyanrin
Sandals	Ogun Ifa
Sea	Okun
Sun	Sun
Towel	Towel
Umbrella	Agboorun
Vacation	Isinmi

Beauty
Ẹwa

Color	Àwò
Cosmetics	Ohun Ikunra
Curls	Culs
Elegance	Igbagbü
Elegant	Dara
Fragrance	Ògún
Grace	Oore-Ofe
Lipstick	Iranti
Makeup	Ifipaju
Mascara	Mascara
Mirror	Digi
Photogenic	Photogenic
Scent	Olofin
Scissors	Sissors
Shampoo	Shampoo
Skin	Ara
Stylist	Stylist

Bees
Oyin

Beneficial	Anfaani
Blossom	Idodo
Diversity	Orisirisi
Ecosystem	Ecosystem
Flowers	Òdòdó
Food	Ounje
Fruit	Eso
Garden	Ọgbà
Habitat	Gbigbe
Hive	Hiv
Honey	Oyin
Insect	Òkòkò
Plants	Egbe
Pollen	Pollen
Pollinator	Pollinator
Queen	Ayaba
Smoke	Sibi
Sun	Sun
Swarm	Swarm
Wax	Wax

Birds
Awọn Ẹyẹ

Canary	Kanary
Chicken	Adiẹ
Crow	Kowo
Cuckoo	Cuckoo
Dove	Eyele
Duck	Egbeta
Eagle	Idì
Egg	Ẹyin
Flamingo	Flamingo
Goose	Goose
Heron	Heron
Ostrich	Ostrich
Parrot	Parot
Peacock	Peacock
Pelican	Pelican
Penguin	Penguin
Sparrow	Ologoṣẹ
Stork	Stork
Swan	Swan
Toucan	Toucan

Boats
Awọn ọkọ oju Omi

Anchor	Ìdákòró
Buoy	Buoy
Canoe	Canoe
Crew	Crew
Engine	Engan
Ferry	Fery
Kayak	Kayak
Lake	Lake
Mast	Mast
Nautical	Nautical
Ocean	Òkún
Raft	Raft
River	Odo
Rope	Kira
Sailboat	Ọkọrọ Ọkọrọ
Sea	Okun
Tide	Tide
Waves	Igbo
Yacht	Yacht

Books
Awọn iwe Ohun

Adventure	Ìwáyìn
Author	Oríkì
Collection	Igbagbọ
Context	Oro
Duality	Alagbeka
Epic	Epic
Historical	Itan
Humorous	Humorous
Inventive	Oṣẹrọ
Literary	Literari
Narrator	Olótítì
Novel	Novel
Page	Oju
Poem	Orin
Poetry	Ewi
Reader	Onka
Relevant	Rẹrẹ
Series	Ijọrọ
Tragic	Àbánú
Written	Kọ

Boxing
Boxing

Bell	Bello
Body	Ara
Chin	Chin
Corner	Igun
Elbow	Igbala
Exhausted	Orúmùn
Fighter	Oluja
Fist	Fist
Focus	Idojukọ
Gloves	Iwosan
Kick	Fún
Opponent	Alataki
Points	Ojuami
Recovery	Igbagbo
Referee	Olofin
Skill	Ologbon
Strength	Agbara

Buildings
Awọn Ile

Apartment	Igbegbe
Barn	Abà
Cabin	Cabin
Castle	Castle
Cinema	Cinema
Embassy	Aṣoju
Factory	Ile-Iṣẹ
Hospital	Ile Iwosan
Hostel	Hostel
Hotel	Hotel
Laboratory	Yàrà
Museum	Ile Ọnọ
Observatory	Akiyesi
School	Ile Iwe
Stadium	Stadium
Supermarket	Ile oja Nla
Tent	Àgọ́
Theater	Ìtátà
Tower	Igbagbü
University	University

Business
Iṣowo

Boss	Oga
Budget	Isuna
Career	Iṣẹ́
Currency	Owo
Discount	Eyonu
Economics	Aje
Employee	Oṣiṣẹ
Employer	Agbanisiṣẹ
Factory	Ile-Iṣẹ
Investment	Idowo
Manager	Alagbara
Merchandise	Oja
Money	Owo
Office	Office
Profit	Ere
Sale	Tita
Shop	Ìsọjà
Staff	Osise
Taxes	Owo-Ori
Transaction	Idunadura

Camping
Ipago

Adventure	Ìwáyìn
Animals	Ẹranko
Cabin	Cabin
Canoe	Canoe
Compass	Compass
Fire	Ina
Forest	Igbo
Fun	Fun
Hammock	Hammock
Hat	Ila
Hunting	Ode
Insect	Òkòkò
Lake	Lake
Map	Map
Moon	Osusu
Mountain	Òke
Nature	Eda
Rope	Kira
Tent	Àgọ́
Trees	Igi

Championship
Asiwaju

Champion	Ologbon
Championship	Aseje
Coach	Olukọni
Endurance	Ìfaradà
Finalist	Finalist
Games	Ere
Judge	Idajo
League	League
Medal	Eyonu
Motivation	Imoran
Performance	Iṣe
Sports	Idaraya
Strategy	Ilana
Team	Egbe
Tournament	Idije
Victory	Isegun

Chemistry
Kemistri

Acid	Acid
Alkaline	Alkaline
Atomic	Atomika
Carbon	Kárbon
Catalyst	Awọn Nipa
Chlorine	Chlorine
Electron	Electron
Enzyme	Enzyme
Gas	Gas
Heat	Ògbóná
Hydrogen	Hidrogen
Ion	Ion
Liquid	Omi
Molecule	Moleku
Nuclear	Nuclear
Organic	Oríkún
Oxygen	Oxygen
Salt	Iyọ
Temperature	Igún
Weight	Ìwò

Chess
Chess

Black	Dudu
Champion	Ologbon
Diagonal	Diagonal
Game	Ere
King	Oba
Opponent	Alataki
Passive	Pololufe
Player	Elere
Points	Ojuami
Queen	Ayaba
Rules	Ofin
Sacrifice	Ebo
Strategy	Ilana
Time	Aago
Tournament	Idije
White	Funfun

Chocolate
Chocolate

Antioxidant	Antioxidant
Bitter	Kọrin
Cacao	Cacao
Calories	Awọn Kalori
Caramel	Karamel
Coconut	Agbon
Delicious	Olohun
Exotic	Exotic
Favorite	Ayanfẹ
Flavor	Alaso
Ingredient	Engere
Peanuts	Epa
Powder	Power
Quality	Dara
Recipe	Ilana
Sugar	Sugar
Sweet	Dun
Taste	Tẹnu

Circus
Sakosi

Acrobat	Acrobat
Animals	Ẹranko
Balloons	Balloons
Costume	Aso
Elephant	Erin
Juggler	Juggler
Lion	Kìnùn
Magic	Idan
Magician	Aláyìn
Monkey	Obo
Music	Orin
Parade	Parade
Show	Ṣafihan
Spectator	Oriki
Tent	Àgọ́
Ticket	Tiketi
Tiger	Tiger
Trick	Ẹtàn

Clothes
Awọn Aṣọ

Apron	Apron
Belt	Igbagbü
Blouse	Awure
Bracelet	Egba Owo
Dress	Aso
Fashion	Njagun
Gloves	Iwosan
Hat	Ila
Jacket	Jacket
Jeans	Jean
Pajamas	Pajamas
Pants	Pátá
Sandals	Ogun Ifa
Scarf	Scarf
Shirt	Seeti
Shoe	Bata
Skirt	Skirt
Socks	Àwòrò
Sweater	Seater

Countries #1
Awọn Orile-ede #1

Brazil	Brazil
Canada	Kanada
Egypt	Egypt
Finland	Finland
Germany	Jẹmánì
Iraq	Iraq
Israel	Israel
Italy	Italy
Latvia	Latvia
Libya	Libya
Morocco	Morocco
Nicaragua	Nicaragua
Norway	Norway
Panama	Panama
Poland	Poland
Romania	Romania
Senegal	Senegal
Spain	Spain
Venezuela	Venezuela
Vietnam	Vietnam

Countries #2
Awọn Orilẹ-ede #2

Albania	Albania
Denmark	Denmark
Ethiopia	Ethiopia
Greece	Greece
Haiti	Haiti
Jamaica	Jamaica
Japan	Japan
Laos	Laos
Lebanon	Lébánìn
Liberia	Liberia
Mexico	Mexico
Nepal	Nepal
Nigeria	Nigeria
Pakistan	Pakistan
Russia	Russia
Somalia	Somalia
Sudan	Sudan
Syria	Síria
Uganda	Uganda
Ukraine	Ukraine

Dance
Ijó

Academy	Akiyesi
Art	Aworan
Body	Ara
Choreography	Àwọn Oròrò
Classical	Kasasika
Culture	Asa
Emotion	Imora
Expressive	Kiakia
Grace	Oore-Ofe
Joyful	Alayo
Movement	Igbeka
Music	Orin
Partner	Alágbẹ́ni
Posture	Ipinle
Rehearsal	Iṣẹrẹ
Rhythm	Rhythm
Traditional	Ibile
Visual	Oju

Days and Months
Awọn ọjọ ati Awọn Oṣu

April	Kẹrin
August	Osu Kẹjọ
Calendar	Kalẹnda
February	February
Friday	Ojo Jiji
January	Okunrin
July	July
March	March
Monday	Ojo Aje
Month	Osu
November	Nomba
October	October
Saturday	Ojo Sabati
September	Osu Ksan
Sunday	Sunday
Thursday	Ojobo
Tuesday	Tuesday
Wednesday	Ojo Wede
Week	Ose
Year	Odun

Diplomacy
Diplomacy

Adviser	Ologbon
Ambassador	Ambassador
Campaigns	Ipolongo
Community	Awujo
Conflict	Ija
Cooperation	Ifowosowopo
Diplomatic	Diplomatic
Discussion	Iforoworoworo
Embassy	Aṣoju
Ethics	Iwa
Foreign	Ajeji
Government	Ìjọba
Humanitarian	Eniyan
Integrity	Ododo
Languages	Ede
Politics	Oselu
Security	Aabo
Solution	Ojutu
Treaty	Àdéhùn

Driving
Wiwakọ

Brakes	Brakes
Danger	Ijamba
Driver	Awako
Fuel	Eyonu
Garage	Garage
Gas	Gas
License	Aṣẹ
Map	Map
Motor	Moto
Motorcycle	Alupo
Pedestrian	Alágbẹ̀
Police	Olopa
Road	Ona
Safety	Aabo
Speed	Iyara
Street	Opopona
Traffic	Ijapa
Transportation	Igbana
Truck	Ọkọ Ayọkẹlẹ
Tunnel	Tunnel

Electricity
Itanna

Battery	Batiri
Cable	Cable
Electric	Electric
Electrician	Electrician
Equipment	Ẹrọ
Generator	Generator
Lamp	Atupa
Laser	Laser
Magnet	Magnet
Negative	Odi
Network	Rezo
Objects	Ohun
Positive	Rere
Quantity	Opo
Storage	Ìpamọ́
Telephone	Foonu
Television	Tẹlivision

Energy
Agbara

Battery	Batiri
Carbon	Kárbon
Diesel	Diesel
Electric	Electric
Electron	Electron
Engine	Engan
Entropy	Entropy
Environment	Ayika
Fuel	Eyonu
Gasoline	Petolu
Heat	Ògbóná
Hydrogen	Hidrogen
Industry	Ise-Ise
Motor	Moto
Nuclear	Nuclear
Photon	Foto
Pollution	Idoti
Steam	Steam
Turbine	Turbine
Wind	Aseje

Engineering
Imọ-Ẹrọ

Angle	Igun
Axis	Axis
Calculation	Iṣiro
Construction	Òkò
Depth	Ijinle
Diagram	Aworan Aworan
Diameter	Diameter
Diesel	Diesel
Distribution	Pipin
Energy	Agbara
Engine	Engan
Friction	Ifá
Gears	Jiar
Liquid	Omi
Machine	Ẹrọ
Measurement	Odiwọn
Motor	Moto
Propulsion	Iṣere
Stability	Iduroṣinṣin
Structure	Orile

Ethics
Ethics

Altruism	Altruism
Compassion	Aanu
Cooperation	Ifowosowopo
Dignity	Iyì
Diplomatic	Diplomatic
Humanity	Eniyan
Individualism	Onigbagbo
Integrity	Ododo
Kindness	Oore
Optimism	Optimism
Patience	Suuru
Philosophy	Ìgbàgbà
Rationality	Ohun
Realism	Ododo
Reasonable	Olohun
Respectful	Ọwọ̀
Tolerance	Ifarada
Values	Iye
Wisdom	Ogbon

Family
Idile

Ancestor	Bàbá
Aunt	Aunt
Brother	Arakunrin
Childhood	Omode
Cousin	Obìnrin
Daughter	Omobinrin
Grandfather	Baba Baba
Grandson	Omo Olodumare
Husband	Oko
Maternal	Omo Obi
Mother	Ìyá
Nephew	Omo Arakunrin
Niece	Ọmọde
Paternal	Baba
Sister	Arabinrin
Twins	Ibeji
Uncle	Àgbàgbà
Wife	Iyawo

Farm #1
Oko #1

Agriculture	Ogbe
Bee	Bee
Bison	Bison
Calf	Kalfun
Cat	Nla
Chicken	Adiẹ
Cow	Malu
Crow	Kowo
Dog	Aja
Donkey	Kekẹtẹ
Fence	Odi
Fertilizer	Fertilizer
Field	Oko
Goat	Ewure
Hay	Hay
Honey	Oyin
Horse	Ẹṣin
Rice	Rice
Seeds	Awọn Irugbin
Water	Omi

Farm #2
Oko #2

Animals	Ẹranko
Barley	Barley
Barn	Abà
Beehive	Eyin
Corn	Agbado
Duck	Egbeta
Farmer	Ologbo
Food	Ounje
Fruit	Eso
Irrigation	Ìròyìn
Lamb	Ọdọ Aguntan
Llama	Llama
Meadow	Meadow
Milk	Wara
Orchard	Orchard
Sheep	Agutan
Tractor	Tractor
Vegetable	Ewe
Wheat	Ohun
Windmill	Windamill

Fishing
Ipeja

Bait	Bait
Basket	Agbon
Beach	Eto-Okun
Boat	Okunrin
Cook	Ṣeṣe
Equipment	Erọ
Exaggeration	Àsọdùn
Gills	Gills
Hook	Ìkò
Jaw	Aba
Lake	Lake
Ocean	Òkún
Patience	Suuru
River	Odo
Season	Asiko
Water	Omi
Weight	Ìwò

Food #1
Ounje #1

Barley	Barley
Basil	Basili
Cake	Akara Oyinbo
Carrot	Karọọti
Cinnamon	Kinnamon
Garlic	Ata
Juice	Oje
Lemon	Lẹmọnu
Milk	Wara
Onion	Alubosa
Peanut	Epa
Pear	Eso Pia
Salad	Salad
Salt	Iyọ
Soup	Obi
Spinach	Owo
Sugar	Sugar
Tofu	Tofu
Tuna	Tuna
Turnip	Tunip

Food #2
Ounje #2

Apple	Apu
Artichoke	Atishoki
Banana	Ogede
Broccoli	Efọ
Celery	Seleri
Cheese	Waranka
Cherry	Ṣẹẹri
Chicken	Adiẹ
Chocolate	Chocolate
Egg	Ẹyin
Eggplant	Igba
Fish	Eja
Grape	Àjárà
Ham	Ham
Kiwi	Kiwi
Mushroom	Olu
Rice	Rice
Tomato	Tomati
Wheat	Ohun
Yogurt	Yogurt

Force and Gravity
Agbara ati Walẹ

Axis	Axis
Center	Aarin
Discovery	Awari
Distance	Jijiran
Dynamic	Ìdáyé
Expansion	Imugboroosi
Friction	Ifá
Magnetism	Magnetism
Mechanics	Awọn Ẹrọ
Motion	Iṣẹrẹ
Orbit	Orbit
Physics	Ara
Pressure	Irosun
Properties	Onìní
Speed	Iyara
Time	Aago
Universal	Universal
Weight	Ìwò

Fruit
Eso

Apple	Apu
Avocado	Piha Oyinbo
Banana	Ogede
Berry	Berry
Cherry	Ṣẹẹri
Coconut	Agbon
Fig	Eeya
Grape	Àjárà
Guava	Guava
Kiwi	Kiwi
Lemon	Lẹmọnu
Mango	Mango
Melon	Melon
Nectarine	Nectarine
Orange	Ọsan
Papaya	Papaya
Peach	Eso Pishi
Pear	Eso Pia
Pineapple	Ope Oyinbo
Raspberry	Rasipibẹri

Garden
Ọgba

Bench	Ibujoko
Bush	Bush
Fence	Odi
Flower	Òdodo
Garage	Garage
Garden	Ọgbà
Grass	Koriko
Hammock	Hammock
Hose	Hose
Lawn	Ofin
Pond	Omi Omi
Porch	Ilana
Rake	Rake
Shovel	Oko
Soil	Ile
Terrace	Terrace
Trampoline	Trampoline
Tree	Igi
Weeds	Igbo

Gardening
Ogba

Blossom	Idodo
Botanical	Ebotanical
Bouquet	Bouquet
Climate	Afefe
Compost	Compost
Container	Epo
Dirt	Déti
Edible	Jepe
Exotic	Exotic
Floral	Olodo
Foliage	Ewe
Hose	Hose
Moisture	Ororin
Orchard	Orchard
Seasonal	Asise
Seeds	Awon Irugbin
Soil	Ile
Water	Omi

Geography
Geography

Altitude	Agbara
Atlas	Atlas
City	Ìlú
Continent	Agbaye
Country	Orile-Ede
Elevation	Gbigbe
Hemisphere	Hemisphere
Island	Orílè-Èdè
Latitude	Latitude
Map	Map
Meridian	Meridian
Mountain	Òke
North	Àriwa
Ocean	Òkún
Region	Egbe
River	Odo
Sea	Okun
South	South
West	Ìwò Orun
World	Aye

Geology
Geology

Acid	Acid
Calcium	Kalisiomu
Cavern	Cavern
Continent	Agbaye
Coral	Koral
Crystals	Kristaal
Cycles	Àyókò
Earthquake	Ìgbìyàn
Erosion	Ìjìyàn
Fossil	Fossil
Geyser	Geyser
Lava	Lava
Layer	Laye
Minerals	Ilu
Plateau	Plateau
Quartz	Quartz
Salt	Iyo
Stalactite	Stalactite
Stone	Okuta
Volcano	Volcano

Geometry
Geometry

Angle	Igun
Calculation	Isiro
Circle	Agbaye
Curve	Ikún
Diameter	Diameter
Dimension	Dimension
Equation	Equation
Height	Giga
Horizontal	Porizontal
Logic	Láìwò
Mass	Mass
Median	Agbáden
Number	Nomba
Parallel	Paralleli
Proportion	Ipin
Surface	Onile
Symmetry	Simetry
Theory	Oro
Triangle	Meta
Vertical	Inoro

Government
Ijoba

Citizenship	Onilu
Civil	Ilana
Constitution	Olofin
Democracy	Ìdájóòrò
Discussion	Iforoworoworo
Equality	Idododo
Judicial	Idajo
Justice	Ododo
Law	Ofin
Leader	Olori
Liberty	Ominira
Monument	Monument
Nation	Orílè-Èdè
National	Orile-Ede
Peaceful	Alafia
Politics	Oselu
Speech	Oro
State	Ipinle
Symbol	Ami

Hair Types
Awon Orisi Irun

Bald	Apá
Black	Dudu
Blond	Blond
Braided	Fún
Brown	Alawun
Colored	Awo
Curls	Culs
Curly	Supo
Dry	Ggbe
Gray	Grayay
Healthy	Ilera
Long	Gún
Shiny	Dandan
Short	Kuru
Silver	Fada
Soft	Roro
Thick	Nipon
Thin	Tinrin
White	Funfun

Health and Wellness #1
Ilera ati Nini Alafia #1

Active	Osise
Bacteria	Bakteria
Bones	Egungun
Clinic	Clinic
Doctor	Dókítà
Fracture	Ifa
Habit	Àgbà
Height	Giga
Hormones	Awon Hormones
Hunger	Ebi
Injury	Epa
Medicine	Ogun
Muscles	Isan
Pharmacy	Ile Elegbogi
Posture	Ipinle
Reflex	Reflex
Relaxation	Isinmi
Skin	Ara
Therapy	Arapapa
Treatment	Itoju

Health and Wellness #2
Ilera ati Nini Alafia #2

Allergy	Alara
Anatomy	Anatomi
Appetite	Eniyan
Blood	Eje
Calorie	Kalori
Dehydration	Ògún
Diet	Ounje
Disease	Aisan
Energy	Agbara
Genetics	Jini
Healthy	Ilera
Hospital	Ile Iwosan
Hygiene	Ìmótótó
Infection	Ikoro
Massage	Ifowora
Mood	Isesisi
Recovery	Igbagbo
Stress	Wara
Vitamin	Vitamin
Weight	Ìwò

Herbalism
Herbalism

Aromatic	Aromatic
Basil	Basili
Beneficial	Anfaani
Culinary	Ijeunje
Fennel	Fennel
Flavor	Alaso
Flower	Òdodo
Garden	Ogbà
Garlic	Ata
Green	Alawo Ewe
Ingredient	Engere
Lavender	Lavender
Marjoram	Marjoram
Mint	Mint
Oregano	Oregano
Parsley	Parsley
Plant	Ogbin
Rosemary	Rosemary
Saffron	Saffron
Tarragon	Tarragon

Hiking
Irin-Ajo

Animals	Eranko
Boots	Bòtò
Camping	Àgbà
Climate	Afefe
Heavy	Eru
Map	Map
Mountain	Òke
Nature	Eda
Orientation	Orientation
Parks	Parks
Preparation	Ìpará
Stones	Okuta
Sun	Sun
Tired	Aránú
Water	Omi
Weather	Ojo
Wild	Igbo

House
Ile

Attic	Attic
Basement	Ipile
Broom	Iyawo
Curtains	Awure
Door	Ilekun
Fireplace	Ibi Ina
Floor	Ile
Furniture	Iforowowo
Garage	Garage
Garden	Ogbà
Keys	Awon Botini
Kitchen	Ile Idana
Lamp	Atupa
Library	Iwe Iwe
Mirror	Digi
Roof	Orule
Room	Yara
Shower	Iworo
Wall	Odi
Window	Ferese

Human Body
Ara Eniyan

Ankle	Kokose
Blood	Eje
Bones	Egungun
Brain	Ogbon
Chin	Chin
Ear	Eti
Elbow	Igbala
Face	Oju
Finger	Ìka
Hand	Owo
Head	Ori
Heart	Okan
Jaw	Aba
Knee	Orunkun
Leg	Ese
Mouth	Enu
Neck	Orun
Nose	Imú
Shoulder	Ejika
Skin	Ara

Insects
Kokoro

Ant	Ant
Aphid	Aphid
Bee	Bee
Beetle	Beetle
Butterfly	Labalaba
Cicada	Cicada
Cockroach	Àkùkọ
Dragonfly	Dragonfly
Flea	Flea
Grasshopper	Grasshopper
Ladybug	Ladybug
Larva	Larva
Locust	Eṣú
Mantis	Mantis
Mosquito	Mosquito
Termite	Termite
Wasp	Wasp
Worm	Ijọ

Jazz
Jazz

Album	Album
Applause	Ìpin
Artist	Olorin
Composer	Oníkún
Composition	Awure
Concert	Ere
Drums	Ìlú
Emphasis	Tinnukunu
Famous	Olokiki
Favorites	Ayanfẹ
Genre	Iran
Improvisation	Imudarasi
New	Titun
Old	Ògbólógbòó
Orchestra	Orchestra
Rhythm	Rhythm
Song	Orin
Style	Ara
Talent	Talent
Technique	Ilana

Landscapes
Awọn oju Ilẹ

Beach	Eto-Okun
Cave	Ikún
Desert	Aṣálẹ
Geyser	Geyser
Glacier	Glacier
Hill	Òkè
Iceberg	Iceberg
Island	Orílẹ-Èdè
Lake	Lake
Mountain	Òke
Oasis	Oasis
Ocean	Òkún
Peninsula	Peninsula
River	Odo
Sea	Okun
Swamp	Swamp
Tundra	Tundra
Valley	Oríkún
Volcano	Volcano
Waterfall	Omi

Literature
Litireso

Analysis	Ohun Tinle
Anecdote	Anecdote
Biography	Igbagbü
Comparison	Fiwe
Conclusion	Ikadi
Description	Apejuwe
Dialogue	Iforọwọrọwọrọ
Fiction	Iroyin
Genre	Iran
Metaphor	Àfikún
Narrator	Olótítì
Novel	Novel
Opinion	Ero
Poem	Oriki
Poetic	Oríkì
Rhyme	Rhyme
Rhythm	Rhythm
Style	Ara
Theme	Akori
Tragedy	Ibanuje

Mammals
Awọn Ẹran-Ọsin

Bear	Bear
Beaver	Beaver
Bull	Málàá
Cat	Nla
Coyote	Coyote
Dog	Aja
Dolphin	Dolphin
Elephant	Erin
Fox	Akata
Giraffe	Giraffe
Gorilla	Gorilla
Horse	Ẹṣin
Kangaroo	Kangaroo
Lion	Kìnùn
Monkey	Obo
Rabbit	Ehoro
Sheep	Agutan
Whale	Whale
Wolf	Ìkookò
Zebra	Zebra

Math
Isiro

Angles	Angle
Arithmetic	Arithmetic
Circumference	Ayika
Decimal	Decimal
Diameter	Diameter
Equation	Equation
Exponent	Exponent
Fraction	Ipin
Geometry	Jiometirika
Parallel	Paralleli
Parallelogram	Parallelogram
Perimeter	Agbegbe
Perpendicular	Pẹrẹ
Polygon	Polygon
Rectangle	Retangle
Symmetry	Simetry
Triangle	Meta

Measurements
Iwọn

Byte	Byte
Centimeter	Ọgbẹnjẹ
Decimal	Decimal
Degree	Ikẹni
Depth	Ijinle
Gram	Gram
Height	Giga
Inch	Inch
Kilogram	Kilogram
Kilometer	Kilomiter
Length	Agbo
Liter	Liter
Mass	Mass
Meter	Meter
Minute	Iseju
Ounce	Ounce
Ton	Ton
Weight	Ìwò
Width	Fún

Meditation
Isaro

Acceptance	Igbagbọ
Awake	Ji
Breathing	Mimi
Calm	Tututu
Clarity	Itoju
Compassion	Aanu
Emotions	Imora
Gratitude	Ọpẹ́
Habits	Iṣẹ́
Happiness	Ayo
Kindness	Oore
Mental	Opolo
Mind	Okan
Movement	Igbeka
Music	Orin
Nature	Eda
Peace	Alafia
Perspective	Irisi
Silence	Ipalọlọ
Thoughts	Ero

Music
Orin

Album	Album
Ballad	Ballad
Chorus	Chorus
Classical	Kasasika
Harmony	Igbagbü
Instrument	Ọrọrọ
Lyrical	Lyrical
Melody	Alada
Microphone	Gbohungbohun
Musical	Orin
Musician	Olorin
Opera	Opera
Poetic	Oríkì
Recording	Gbigbasilẹ
Rhythm	Rhythm
Rhythmic	Rhythmic
Sing	Kọrin
Singer	Akorin
Tempo	Tempo
Vocal	Ohun

Musical Instruments
Awọn Irinṣẹ Orin

Banjo	Banjo
Bassoon	Bassoon
Cello	Cello
Clarinet	Clarinet
Drum	Ìlu
Flute	Fún
Gong	Gong
Guitar	Guitar
Harp	Harp
Mandolin	Mandolin
Marimba	Marimba
Oboe	Oboe
Piano	Piano
Saxophone	Saxophone
Tambourine	Tambourine
Trombone	Tromboone
Trumpet	Trumpet
Violin	Violin

Mythology
Awọn Itan aye Atijọ

Archetype	Archetype
Behavior	Iwa
Beliefs	Igbagbo
Creation	Ẹdada
Creature	Eda
Culture	Asa
Deities	Òrìsà
Disaster	Ijala
Heaven	Orun
Hero	Akoni
Immortality	Àìwòrò
Jealousy	Owu
Labyrinth	Labyrinth
Legend	Àlàyé
Lightning	Mànàmáná
Monster	Obirin
Mortal	Òkú
Revenge	Gbẹsan
Thunder	Ara
Warrior	Ologbon

Nature
Iseda

Animals	Ẹranko
Arctic	Arctic
Beauty	Ẹwa
Bees	Oyin
Clouds	Awure
Desert	Aṣálẹ
Dynamic	Ìdáyé
Erosion	Ìjìyàn
Fog	Fog
Foliage	Ewe
Forest	Igbo
Glacier	Glacier
Peaceful	Alafia
River	Odo
Sanctuary	Igbagbü
Serene	Serene
Tropical	Tropical
Vital	Pataki

Numbers
Awọn Nọmba

Decimal	Decimal
Eight	Mẹjọ
Eighteen	Mẹ̀jìnínlá
Fifteen	Kẹẹ̀ẹ́dógún
Five	Marun
Four	Kẹrin
Fourteen	Kerinla
Nine	Mesan
Nineteen	Òrúnmìlà
One	Ọkan
Seven	Meje
Seventeen	Kejìlá
Six	Mefa
Sixteen	Erindinlogun
Ten	Kẹwàá
Thirteen	Eleketa
Three	Kẹta
Twelve	Ekejila
Twenty	Ògún
Two	Meji

Nutrition
Ounjẹ

Appetite	Eniyan
Balanced	Iwontunwonsi
Bitter	Kọrin
Calories	Awọn Kalori
Carbohydrates	Kárbohydrates
Diet	Ounje
Digestion	Digestion
Edible	Jepe
Fermentation	Ifá
Flavor	Alaso
Habits	Iṣẹ́
Health	Ilera
Liquids	Omi
Proteins	Àwọn Pírétìn
Quality	Dara
Sauce	Osu
Spices	Oríkò
Toxin	Òjòrò
Vitamin	Vitamin
Weight	Ìwò

Ocean
Òkun

Boat	Okunrin
Coral	Koral
Crab	Akan
Dolphin	Dolphin
Eel	Eel
Fish	Eja
Jellyfish	Jellyfish
Oyster	Ògyìn
Reef	Reef
Salt	Iyọ
Seaweed	Òkún
Shark	Eja Shaki
Shrimp	Awọn Ede
Sponge	Kanrinkan
Storm	Iji
Tides	Ìgbàgbà
Tuna	Tuna
Turtle	Turtle
Waves	Igbo
Whale	Whale

Pets
Ohun Ọsin

Cat	Nla
Collar	Kola
Cow	Malu
Dog	Aja
Fish	Eja
Food	Ounje
Goat	Ewure
Hamster	Hamster
Kitten	Kítten
Lizard	Lizard
Mouse	Eku
Parrot	Parot
Puppy	Agba
Rabbit	Ehoro
Tail	Iru
Turtle	Turtle
Veterinarian	Ogun Ogbo
Water	Omi

Photography
Fọtoyiya

Black	Dudu
Camera	Kamẹra
Color	Àwò
Composition	Awure
Contrast	Ìtànàn
Darkness	Okunkun
Definition	Itumo
Exhibition	Afihan
Format	Fọọrọ
Lighting	Ìyànlẹ
Object	Nkankan
Perspective	Irisi
Portrait	Aworan
Shadows	Ojiji
Subject	Koko-Ọrọ
Texture	Asoju
Visual	Oju

Physics
Fisiksi

Acceleration	Itoju
Atom	Atom
Chaos	Ìrántí
Chemical	Kẹkami
Density	Ìwò
Electron	Electron
Engine	Engan
Expansion	Imugboroosi
Formula	Formula
Frequency	Igbagbọ
Gas	Gas
Magnetism	Magnetism
Mass	Mass
Mechanics	Awọn Ẹrọ
Molecule	Moleku
Nuclear	Nuclear
Particle	Particle
Relativity	Ìjọrọ
Universal	Universal
Velocity	Iyara

Plants
Awọn Ohun Ọgbin

Bamboo	Bamboo
Bean	Ewa
Berry	Berry
Blossom	Idodo
Bush	Bush
Cactus	Cactus
Fertilizer	Fertilizer
Flora	Flora
Flower	Òdodo
Forest	Igbo
Garden	Ọgbà
Grass	Koriko
Grow	Dagbasoke
Ivy	Ivy
Moss	Moss
Petal	Petal
Root	Gbòngbò
Stem	Stem
Tree	Igi
Vegetation	Ewe

Professions #1
Awọn Iṣẹ-Ṣiṣe #1

Ambassador	Ambassador
Astronomer	Awọrọwọrọ
Attorney	Agbaye
Banker	Onínṣẹ́ Bòkò
Cartographer	Alánìyàn
Coach	Olukọni
Dancer	Onijo
Doctor	Dókítà
Editor	Olootu
Geologist	Geologist
Hunter	Ode
Jeweler	Olohun
Musician	Olorin
Nurse	Nọọsi
Pianist	Pianist
Plumber	Plumber
Psychologist	Olofin
Sailor	Òkún
Tailor	Telu
Veterinarian	Ogun Ogbo

Professions #2
Awọn Iṣẹ-Ṣiṣe #2

Astronaut	Astronaut
Biologist	Olofin
Dentist	Dánítì
Detective	Oṣẹre
Engineer	Enginji
Farmer	Ologbo
Gardener	Ologbon
Illustrator	Alaye
Inventor	Oníṣẹṣẹ
Journalist	Akoroyin
Librarian	Librarian
Linguist	Olódìn
Painter	Oríkì
Philosopher	Ologbon
Photographer	Aworan
Physician	Onisegun
Pilot	Pilot
Researcher	Oluwadi
Teacher	Oluko
Zoologist	Oníkún

Psychology
Psychology

Appointment	Ìyànwò
Assessment	Igbelewọn
Behavior	Iwa
Childhood	Omode
Clinical	Iṣẹgun
Cognition	Ohun
Conflict	Ija
Dreams	Àlá
Ego	Ego
Emotions	Imora
Ideas	Èrò
Perception	Oriki
Personality	Eniyan
Problem	Isoro
Reality	Otito
Sensation	Ìrántí
Subconscious	Alaye
Therapy	Arapapa
Thoughts	Ero
Unconscious	Aláìràn

Rainforest
Igbo Ojo

Birds	Eye
Botanical	Ebotanical
Climate	Afefe
Clouds	Awure
Community	Awujo
Diversity	Orisirisi
Indigenous	Onílẹ̀yìn
Insects	Òkòrìn
Mammals	Ologbon
Moss	Moss
Nature	Eda
Preservation	Itoju
Refuge	Asabo
Respect	Ọwọ̀
Restoration	Ipadada
Survival	Igbala
Valuable	Niwu

Restaurant #2
Ile Ounjẹ #2

Beverage	Omiran
Cake	Akara Oyinbo
Chair	Agbara
Delicious	Olohun
Dinner	Ounje Ale
Eggs	Ẹyin
Fish	Eja
Fork	Oriki
Fruit	Eso
Ice	Yinyin
Salad	Salad
Salt	Iyọ
Soup	Obi
Spices	Oríkò
Spoon	Sibi
Vegetables	Ewe
Waiter	Oluduro
Water	Omi

Science
Imọ

Atom	Atom
Chemical	Kẹkami
Climate	Afefe
Data	Data
Evolution	Idagbasoke
Experiment	Adanwo
Fact	Otito
Fossil	Fossil
Gravity	Jiji
Hypothesis	Àgbàgbà
Laboratory	Yàrà
Method	Ọnà
Minerals	Ilu
Molecules	Moleku
Nature	Eda
Observation	Akiyesi
Particles	Apa
Physics	Ara
Plants	Egbe
Scientist	Ologbin

Science Fiction
Itan Agbelẹrọ Imọijinlẹ

Atomic	Atomika
Books	Iwe
Chemicals	Kẹmikáli
Cinema	Cinema
Dystopia	Distopia
Explosion	Bugbamu
Extreme	Láìlẹ̀
Fantastic	Fantastic
Fire	Ina
Futuristic	Ojo Iwaju
Galaxy	Galaxy
Illusion	Itan
Imaginary	Alara
Mysterious	Asiri
Oracle	Oracle
Planet	Planet
Robots	Robots
Technology	Imọ-Ẹrọ
Utopia	Utopia
World	Aye

Scientific Disciplines
Awọn Ilana Imọ-Jinlẹ

Anatomy	Anatomi
Archaeology	Archeology
Astronomy	Irawo
Biochemistry	Biochemistry
Biology	Isinmi
Botany	Ewe
Chemistry	Kemistri
Ecology	Ecology
Geology	Geology
Immunology	Ajẹ Ajẹ
Kinesiology	Kinesiology
Linguistics	Oro Ede
Mechanics	Awọn Ẹrọ
Meteorology	Oju oju Aye
Mineralogy	Ilu Ilu
Neurology	Erọọrọnọrọ
Physiology	Ara
Psychology	Ẹrọ Ìrántí
Sociology	Sociology
Zoology	Ebo

Shapes
Awọn Apẹrẹ

Arc	Arc
Circle	Agbaye
Cone	Konu
Corner	Igun
Cube	Cube
Curve	Ikún
Cylinder	Silinda
Ellipse	Ellipse
Hyperbola	Hyperbola
Line	Ila
Oval	Oval
Polygon	Polygon
Prism	Prism
Pyramid	Pyramid
Rectangle	Retangle
Side	Egbe
Triangle	Meta

Spices
Awọn Turari

Anise	Anise
Bitter	Kọrin
Cardamom	Cardamom
Cinnamon	Kinnamon
Coriander	Koriander
Cumin	Cumin
Curry	Kurari
Fennel	Fennel
Fenugreek	Fengreek
Flavor	Alaso
Garlic	Ata
Ginger	Atalẹ
Licorice	Licorice
Nutmeg	Nutmeg
Onion	Alubosa
Paprika	Paprika
Saffron	Saffron
Salt	Iyọ
Sweet	Dun
Vanilla	Vanilla

The Company
Ile-iṣẹ Naa

Business	Owo
Creative	Eleda
Decision	Ipinnu
Employment	Iṣẹ́
Global	Agbaye
Industry	Ise-Ise
Innovative	Olododo
Investment	Idowo
Possibility	Osese
Presentation	Igbejade
Product	Ọja
Professional	Agbẹrẹ
Progress	Ilọsiwaju
Quality	Dara
Reputation	Oruko
Revenue	Wiwọle
Risks	Ewu

The Media
Awọn Media

Commercial	Owo
Communication	Ibaraẹnisọrọ
Digital	Digital
Edition	Edition
Education	Ẹkọ
Facts	Otito
Funding	Ifowoworo
Individual	Onikọkankan
Industry	Ise-Ise
Intellectual	Ogbon
Local	Ibile
Network	Rezo
Online	Online
Opinion	Ero
Public	Ìgbànà
Radio	Radio
Television	Tẹlivision

Time
Aago

Annual	Ododo
Before	Niwaju
Calendar	Kalẹnda
Century	Orunmila
Clock	Aago
Day	Ojo
Decade	Ojọọ Ọdun
Early	Tete
Future	Ojo Iwaju
Hour	Wakati
Minute	Iseju
Month	Osu
Morning	Owuro
Night	Oru
Noon	Osan
Now	Bayi
Soon	Laipe
Today	Loni
Week	Ose
Year	Odun

Town
Ilu

Airport	Oko Ofurufu
Bakery	Bekere
Bank	Ile-Ifowopamọ
Cinema	Cinema
Clinic	Clinic
Florist	Olododo
Gallery	Àwòrán
Hotel	Hotel
Library	Iwe Iwe
Market	Oja
Museum	Ile Ọnọ
Pharmacy	Ile Elegbogi
School	Ile Iwe
Stadium	Stadium
Store	Itaja
Supermarket	Ile oja Nla
Theater	Ìtátà
University	University
Zoo	Zoo

Universe
Agbaye

Asteroid	Asteroid
Astronomer	Aworọwọrọ
Astronomy	Irawo
Atmosphere	Atmosphere
Celestial	Sile
Cosmic	Cosmic
Darkness	Okunkun
Equator	Equator
Galaxy	Galaxy
Hemisphere	Hemisphere
Horizon	Horizon
Latitude	Latitude
Moon	Osusu
Orbit	Orbit
Sky	Sky
Solar	Orun
Solstice	Solstice
Telescope	Telescope
Visible	Ara
Zodiac	Zodiac

Vacation #2
Isinmi #2

Airport	Oko Ofurufu
Beach	Eto-Okun
Camping	Àgbà
Destination	Ìyànlọ́
Foreigner	Ajeji
Holiday	Isinmi
Hotel	Hotel
Island	Orílẹ̀-Èdè
Journey	Irin Ajo
Leisure	Afefe
Map	Map
Passport	Passport
Sea	Okun
Taxi	Taxi
Tent	Àgọ́
Train	Ọko-Irin
Transportation	Igbana
Visa	Visa

Vegetables
Awọn Ẹfọ

Artichoke	Atishoki
Broccoli	Ẹfọ
Carrot	Karọọti
Celery	Seleri
Cucumber	Kukumba
Eggplant	Igba
Garlic	Ata
Ginger	Atalẹ
Mushroom	Olu
Olive	Olili
Onion	Alubosa
Parsley	Parsley
Pea	Ewa
Pumpkin	Elegede
Radish	Radish
Salad	Salad
Shallot	Shaloti
Spinach	Owo
Tomato	Tomati
Turnip	Tunip

Vehicles
Awọn ọkọ Ayọkẹlẹ

Airplane	Okoofurufu
Bicycle	Keji
Boat	Okunrin
Bus	Bọọsi
Caravan	Karavan
Engine	Engan
Ferry	Fery
Helicopter	Helicopter
Motor	Moto
Raft	Raft
Rocket	Rocket
Scooter	Scooter
Shuttle	Sọrọ
Submarine	Submarine
Subway	Ọjọ̀ Ọrọ̀
Taxi	Taxi
Tires	Tire
Tractor	Tractor
Train	Ọkọ-Irin
Truck	Ọkọ Ayọkẹlẹ

Virtues #1
Awọn iwa Rere #1

Artistic	Iṣẹ Ọna
Charming	Pelu
Clean	Mọ
Curious	Iyaninu
Decisive	Iyanu
Efficient	Alagbara
Funny	Ewure
Generous	Olowo
Good	Rere
Helpful	Iranlowo
Independent	Ominira
Modest	Iwọwọrọ
Passionate	Ìférè
Patient	Alaisan
Practical	Iwulo
Reliable	Gégégé
Wise	Ologbon

Water
Omi

Canal	Canal
Evaporation	Evaporation
Flood	Omi
Frost	Frost
Geyser	Geyser
Humidity	Ọrọrọ
Hurricane	Ejiji
Ice	Yinyin
Irrigation	Irrigation
Lake	Lake
Moisture	Ọrọrin
Monsoon	Monsoon
Ocean	Òkún
Rain	Òjò
River	Odo
Shower	Iwọrọ
Snow	Òrò
Steam	Steam
Waves	Igbo

Weather
Oju Ojo

Atmosphere	Atmosphere
Calm	Tututu
Climate	Afefe
Cloud	Awọsanma
Drought	Ogbe
Dry	Ggbe
Fog	Fog
Hurricane	Ejiji
Ice	Yinyin
Lightning	Mànàmáná
Monsoon	Monsoon
Polar	Polar
Rainbow	Rainbow
Sky	Sky
Storm	Iji
Temperature	Igún
Thunder	Ara
Tornado	Tornado
Tropical	Tropical
Wind	Aseje

Congratulations

You made it!

We hope you enjoyed this book as much as we enjoyed making it. We do our best to make high quality games.
These puzzles are designed in a clever way for you to learn actively while having fun!

Did you love them?

A Simple Request

Our books exist thanks your reviews. Could you help us by leaving one now?

Here is a short link which will take you to your order review page:

BestBooksActivity.com/Review50

MONSTER CHALLENGE!

Challenge #1

Ready for Your Bonus Game? We use them all the time but they are not so easy to find. Here are **Synonyms**!

Note 5 words you discovered in each of the Puzzles noted below (#21, #36, #76) and try to find 2 synonyms for each word.

Note 5 Words from *Puzzle 21*

Words	Synonym 1	Synonym 2

Note 5 Words from *Puzzle 36*

Words	Synonym 1	Synonym 2

Note 5 Words from *Puzzle 76*

Words	Synonym 1	Synonym 2

Challenge #2

Now that you are warmed-up, note 5 words you discovered in each Puzzle noted below (#9, #17, #25) and try to find 2 antonyms for each word. How many lines can you do in 20 minutes?

Note 5 Words from **Puzzle 9**

Words	Antonym 1	Antonym 2

Note 5 Words from **Puzzle 17**

Words	Antonym 1	Antonym 2

Note 5 Words from **Puzzle 25**

Words	Antonym 1	Antonym 2

Challenge #3

Wonderful, this monster challenge is nothing to you!

Ready for the last one? Choose your 10 favorite words discovered in any of the Puzzles and note them below.

1.	6.
2.	7.
3.	8.
4.	9.
5.	10.

Now, using these words and within a maximum of six sentences, your challenge is to compose a text about a person, animal or place that you love!

Tip: You can use the last blank page of this book as a draft!

Your Writing:

Explore a Unique Store
Set Up **FOR YOU!**

BestActivityBooks.com/**TheStore**

Designed for Entertainment!

Light Up Your Brain With Unique **Gift Ideas**.

Access **Surprising** And **Essential Supplies!**

CHECK OUT OUR MONTHLY SELECTION NOW!

- Expertly Crafted Products -

NOTEBOOK:

SEE YOU SOON!

Linguas Classics Team

BESTACTIVITYBOOKS.COM/FREEGAMES